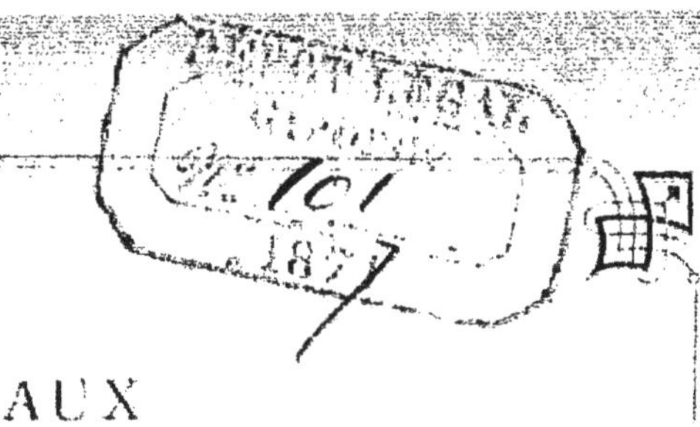

AUX

VIEILLARDS

OUVRAGE POSTHUME

DE

M. P.-E. JARDIN

L'INDIVIDU

LA FAMILLE

LA NATION

BORDEAUX

CH. LEFEBVRE, LIBRAIRE-ÉDITEUR

6, ALLÉES DE TOURNY, 6

Janvier 1873

Bordeaux. — Imp. G. Gounouilhou, rue Guiraude, 11.

AUX VIEILLARDS

AUX VIEILLARDS

OUVRAGE POSTHUME

DE

M. P.-E. JARDIN

L'INDIVIDU

LA FAMILLE

LA NATION

BORDEAUX

CH. LEFEBVRE, LIBRAIRE-ÉDITEUR

6, ALLÉES DE TOURNY, 6

Janvier 1873

AVIS DE L'ÉDITEUR

Bien que l'auteur de cet appel aux Vieillards ait signé, durant une douzaine d'années, quelques articles dans un des grands journaux de Paris, il est demeuré tout à fait inconnu du Public.

Toutefois ses combinaisons, assez étranges et parfois imprévues, d'idées éparses partout, peuvent donner à réfléchir : c'est ce qui nous engage à les mettre au jour.

Ses papiers renferment encore des fragments et des notes formant divers dossiers, classés sous les titres : PATRIE, HUMANITÉ, PROPRIÉTÉ, RELIGION, BESOIN DE MOURIR....., etc. L'Éditeur se réserve de les publier, si, au moyen de lettres (qu'il espère recouvrer) écrites à quelques amis sur les mêmes sujets, il parvient à construire un ensemble de quelque intérêt.

Bordeaux, janvier 1873

PRÉFACE

Les pages qu'on va lire furent écrites à Dieppe en 1870, dans le cours de cet automne douloureux où chaque matin apportait une tristesse plus accablante que la tristesse de la veille, où les angoisses du jour succédaient sans relâche aux cauchemars de la nuit.

Là, malgré la résistance opiniâtre de notre foi patriotique, malgré les ingénieuses et renaissantes illusions que nous suggérait de journée en journée l'Espérance, cette divine consolatrice des affligés, notre esprit se sentit lentement mais invinciblement envahi par la poignante conviction d'une défaite prochaine. Nous comprîmes que la France politique, la France administrative, la France militaire, désagrégées par l'oubli presque universel du Devoir, succomberaient fatalement sous le rude et hiérarchique organisme prussien, constamment cimenté par une foi ardente en la destinée de la race germanique.

Nous nous réfugiâmes alors dans l'espoir que la France, — sous le coup de tels désastres aveuglément préparés par ses propres agissements, — en présence de tels succès achetés par ses adversaires au prix d'une longue suite de privations, d'études, de travaux, — que la France, disons-nous, sondant à froid ses blessures, se résoudrait à de suprêmes efforts, qu'elle prendrait la ferme résolution de se régénérer, et qu'elle mesurerait ses sacrifices non seulement sur la profondeur des abîmes où elle est descendue, mais aussi sur l'élévation des cîmes qu'elle a si longtemps occupées et qu'elle voudra occuper de nouveau.

C'est cet espoir qui nous a mis la plume à la main pour donner issue à un courant d'idées depuis longtemps amassées dans notre esprit, lesquelles touchent par plusieurs côtés à la régénération de la société française. Dans les bouleversements actuels, rien n'est à négliger. La nature des catastrophes est telle, que le plus humble penseur est autorisé à puiser dans son humilité même le courage de mettre en plein jour ce qu'il a médité dans la solitude de son cœur.

De là ce petit livre.

Notre intention est de lui donner une suite. Nous le publions tel qu'il est, parce qu'en ce temps de guerre étrangère et civile, nul ne sait si une tempête n'éclatera point subitement là où le sort pourra le conduire : nul n'est certain d'éviter les éclats d'un obus ou les balles fratricides d'une fusillade sommaire.

Notre âge d'ailleurs nous place aux portes de sortie de la vie ; chacune des années qui s'ouvre devant nous est une année de grâce ; pourquoi ajourner l'expression des sentiments que nous croyons utile d'exposer aux Vieillards nos contemporains.

12 avril 1871.

AUX VIEILLARDS

Quel rôle pourrait être réservé aux Vieillards dans la société politique; — quel dans la société civile?
Quels sont leurs Devoirs envers eux-mêmes?

Ces trois questions sont *fonctions* les unes des autres, comme l'on dit en mathématiques : lorsqu'on éclaire seulement l'une d'elles, on projette des lumières sur les deux dont on semble ne pas s'occuper. Il m'est donc loisible de suivre la pente de mon esprit et d'émettre mes pensées en étudiant principalement les Vieillards au point de vue de leurs Devoirs envers eux-mêmes : peut-être esquisserai-je ainsi suffisamment le rôle qu'ils devraient prendre dans l'ordre social : peut-être leur indiquerai-je, en même temps, les moyens de reconquérir l'influence qu'ils pourraient exercer pour leur propre intérêt, intérêt qui, à leur âge, sera toujours conforme à l'intérêt général.

Rétablis par leurs efforts personnels dans le poste d'honneur et de respect qu'ils n'auraient jamais dû abandonner, ils cesseront d'être en proie aux amers regrets exhalés par les vieux contemporains du vieux Caton, selon le livre de Cicéron sur la vieillesse :

« ..... *Homines consulares deplorare solebant :*
» *tum quod voluptatibus carerent sine quibus vitam*
» *nullam putarent ; tum quod spernerentur ab iis à*
» *quibus essent coli soliti.* »

CHAPITRE PREMIER

L'INDIVIDU

I

Dans les pays à tradition, au sein des civilisations qui se développent d'après des principes anciens et respectés, sous le régime des corporations religieuses qui n'admettent pas le libre examen de leurs dogmes, on voit le rôle politique des hommes âgés se maintenir encore considérable. Ce sont des assemblées de Lords, des chambres de Nobles, des colléges de Vieillards qui jouissent à la fois et de la plus haute considération et des priviléges du Pouvoir, en sorte que, là même où le Pouvoir réel a sa racine ailleurs, ils en conservent néanmoins une apparence efficace, suffisante pour conjurer les périls dont est menacée une société sans contre-poids.

En France, ce n'est certes pas du côté de la tradition que souffle ordinairement le vent, car les partis s'y renversent tour à tour, comme par une loi régulière, au nom de principes qu'ils se hâtent cyniquement d'abandonner après le succès. En France, une idée nouvelle n'est pas plus tôt conçue et adoptée qu'elle descend dans la rue et ne tarde pas à se prêcher à coups de fusil. Aussi le grand âge a-t-il depuis longtemps cessé d'être un porte-respect et les Vieillards ont-ils été successivement assimilés à des perruques, à des momies, à des fossiles. Au lieu de réagir, ils souscrivent en quelque sorte à cette situation, car ils quittent généralement la vie active aussitôt qu'ils le peuvent pour passer leurs dernières années dans l'inutilité tout au moins, si ce n'est dans un état pire.

Les Vieillards, et même un grand nombre d'hommes âgés, encore loin de la vieillesse, sont donc, en France, presque toujours une *force perdue* pour la famille et pour la nation.

Leur individualité s'améliore-t-elle dans cette condition ?

S'il en était ainsi, ce livre n'aurait aucune

raison d'être ; mais à cette question je ne crains pas de faire une franche réponse :

Non !

Généralement les hommes qui sortent de la vie active ne s'en retirent point pour s'améliorer.

II

La suite de ces pages démontrera, j'espère, que la force perdue par l'inactivité trop souvent désordonnée des Vieillards et des hommes âgés est une force considérable. Cette force mériterait d'être précieusement mise en œuvre, n'eût-elle d'autre utilité dans l'ordre social que celle de cette huile qui protége les organes des machines et les fait jouer avec douceur dans un contact intime.

Le Vieillard valide peut aller au delà de ce rôle adoucissant et prendre une place active dans la vie sociale, non seulement avec l'assentiment, mais encore avec la reconnaissance des jeunes générations.

Toutefois, pour obtenir ce succès, il est d'abord une condition à remplir et elle est absolue : *Que le* VIEILLARD *se* RÉFORME.

III

Au point de la vie où il est parvenu, quel Vieillard rentrant en lui-même et remontant la pente de ses jours écoulés ne trouvera ces jours bien courts et bien vides ! Qu'il se juge alors, vis-à-vis la mort dont il s'approche, et qu'il se reconnaisse enfin tel qu'il est entre les mains de Dieu, savoir : un instrument imparfait et défectueux, toujours au-dessous de sa tâche. Devant l'abîme insondable vers lequel il est précipité sans rémission, que lui reste-t-il à faire, sinon de s'humilier sous la miséricorde infinie, de lui demander courage et force pour *employer profitablement* les jours qui lui restent encore ? Quel autre et meilleur titre à l'indulgence et à la faveur pourra-t-il invoquer après l'heure fatale, sinon d'avoir conçu la ferme volonté de se corriger, de s'améliorer, de se perfectionner, d'avoir consacré à la réalisation de ce but toutes ses pensées et toutes ses actions, d'avoir surmonté, dans les dernières années de sa vie, le reste des passions qui l'avaient entraîné à mal faire et des défaillances qui l'avaient empêché de faire bien.

IV

L'Être humain se continue perpétuellement. La mort n'est point l'anéantissement du Moi ; elle en marque seulement une transformation. — Telle est la foi la plus universelle et la plus ancienne. C'est la seule qui explique, provoque et entretient les dévouements obscurs. C'est elle qui satisfait le mieux tous nos sentiments et surtout la soif de justice dont tout honnête homme est dévoré, que tout scélérat même éprouve, bien qu'il se rende personnellement coupable d'injustices dont il a conscience.

Cette croyance ne sera point ébranlée parce que la Logique et la Raison pure n'en peuvent démontrer la réalisation sensible, car la Logique et la Raison pure ne prouvent rien d'une manière absolue, pas même la *réalité des corps* sur laquelle on se disputait dans l'antiquité et sur laquelle on se dispute encore de nos jours. — Tout principe essentiel est une vérité de sentiment et ne peut être autre chose. Ainsi en est-il de la foi en la continuité du Moi humain. Cette foi n'eût-elle en sa faveur que l'universalité et l'antiquité, je croirais déjà prudent et sage d'y conformer mes sentiments, mes études et ma conduite ; à plus forte raison lorsqu'elle est absolument et sans réserve identifiée avec toutes les parties de mon ÊTRE, lorsqu'elle est inséparable de mes sens, de mon esprit et de mon cœur.

C'est donc sur cette foi primordiale, invincible, absolue, que sera fondé tout ce que j'exposerai ou proposerai dans cet écrit.

V

De même que, dans tout ce que nous voyons et savons, l'État présent engendre l'État futur et que la forme antérieure engendre la forme suivante, de même l'État de l'Être après la Mort contiendra toutes les conséquences, tous les résultats de l'Être pendant la Vie, quelques modifications que lui puissent imprimer les nouveaux Milieux dans lesquels il se trouvera. C'est donc le plus grand intérêt de chacun de faire tous ses efforts pour se modifier, se corriger, s'améliorer, se perfectionner dans le cours de son existence actuelle afin d'obtenir une meilleure existence future dans le Milieu nouveau qui l'attend.

Cela est vrai pour tous les âges de la vie. L'amélioration de l'Être humain est, en effet, le but que proclament toutes les religions et toutes les philosophies; mais la vieillesse est l'époque de la vie où cette amélioration personnelle doit être l'objet à peu près exclusif et l'occupation principale de l'Individu. C'est alors que chacun se trouve enrichi de l'expérience acquise dans les diverses phases de son existence, qu'il est en possession plus entière de la connaissance de soi-même, qu'il a ses éléments les plus intimes et les plus personnels tissés en quelque sorte avec les éléments extérieurs rencontrés depuis sa naissance. C'est alors que son *Moi* est le plus complètement imprégné, saturé du *Non Moi*, et que par conséquent l'action sur lui-même est fonction plus complète du subjectif et de l'objectif, en telle sorte qu'elle peut être, en même temps, la mieux dirigée dans l'intérêt de l'Individu pour l'existence suivante et dans l'intérêt du Milieu futur, quel qu'il soit, auquel l'Individu se trouvera associé.

VI

En continuant ce sujet, on voit aussi que la vieillesse étant plus généralement dégagée des contraintes impitoyables des affaires et des fonctions ainsi que des exigences impérieuses de la société, étant aussi beaucoup moins possédée par plusieurs passions tyranniques, elle se trouve ainsi dans les conditions les plus convenables pour voir juste, pour juger sérieusement, pour discerner la vérité. Il est donc incomparablement moins difficile au Vieillard de prendre empire sur lui-même. Il lui suffit presque de vouloir. Avec des efforts moins grands, il obtiendra une plus grande victoire et il n'aura plus ensuite qu'à la maintenir durable *par l'Exercice*.

« Si par l'Exercice, est-il dit dans les entretiens de Socrate, le Corps prend l'habitude qu'on veut lui faire contracter, l'Ame s'accoutume également par l'Exercice à remplir ses devoirs et à s'abstenir sans peine de ce qui est interdit. »

« Je suis persuadé, ajoute le grand philosophe, que *toutes* les qualités peuvent s'acquérir par l'Exercice. »

Rien n'est plus vrai. Chacun de nous a pu le vérifier sur lui-même.

C'est une grande consolation que de reconnaître chez le Vieillard le plus éloigné de la vie active, même chez le Vieillard impotent de corps, la possibilité de s'améliorer par l'*Exercice* assidu de sa volonté sur son caractère, sur son esprit, sur sa mémoire, sur son imagination, sur ses sentiments. Tout son Être, corps et âme, en deviendra de meilleure qualité.

Quelle inappréciable avance pour nous, dans l'existence future la plus prochaine, que d'avoir acquis ainsi par un Exercice volontaire et continu, à la fin de la vie actuelle, les vertus, les forces, les intuitions que notre Conscience aura jugées nous avoir fait défaut dans le cours de la phase qui s'achève.

VII

Nous l'avons déjà dit, — mais nous ne saurions trop insister : — lorsqu'on approche du seuil de la mort et que l'on fait défiler devant soi, en déroulant les plis de sa mémoire, les circonstances successives de sa vie, on est navré de l'exiguité des bonnes œuvres intentionnellement accomplies et que l'on croyait si amples au moment de leur réalisation ! On est humilié de la foule des actes que l'on jugeait sages et qui ont tourné à erreur, à folie, à faute. Quelle repentance nous saisit pour la vanité des motifs qui ont guidé nos agissements, pour l'inanité des considérations qui ont déterminé nos décisions. pour les innombrables petites lâchetés dissimulées à soi-même par de spécieux raisonnements (1). Hélas ! comme ils se décarcassent alors et se montrent légers, tous ces ressorts combinés qui, au temps de la jeunesse. apparaissaient si solides et si bien liés ; comme on les soupèse au plus juste ! Que de vide et quelle légèreté là où l'on croyait tenir pleine et dense substance ! Comme on distingue clairement les origines et les conséquences, la justice rigoureuse et l'équité désintéressée, les importances réelles et les futilités trompeuses ! Comme on est étonné de trouver en soi son propre accusateur et son juge, accusateur irréfutable. inaccessible aux sophismes ; juge perspicace et que rien ne peut égarer : heureux quand l'on peut s'accorder des circonstances atténuantes ! car pour s'absoudre, il n'y faut pas songer !

La seule satisfaction que l'on puisse espérer. c'est de se sentir tressaillant sous les aiguillons des regrets et des repentirs ; c'est de se retrouver assez fier pour se condamner aux expiations, et assez fort, assez persévérant pour subir jusqu'au

(1) Il n'est question ici que de ce qu'on a cru faire de bon ou de ce que les amis ont jugé louable.

bout la peine qu'on s'est imposée. Alors une joie légitime peut arriver à l'âme ; car celui qui se corrige d'un défaut ou d'un vice et se sent devenir peu à peu meilleur, celui-là est plus content de lui-même que lorsqu'il se reconnaît une *vertu native*. Il est devenu mieux conscient de sa Personnalité, il voit luire l'étincelle de Divinité qui est en lui, il a fait acte de *Créateur !*

Elle est donc bien l'expression de la nature divine et humaine, cette parabole où la centième brebis égarée est une source de plus de joie pour le berger qui la retrouve que les quatre-vingt-dix-neuf autres demeurées en troupeau : celles-ci, on les lui a données : celle-là, il l'a conquise par sa peine.

VIII

Les Devoirs du Vieillard envers lui-même se dessinent mieux après les considérations précédentes :

Le Vieillard doit avoir pour préoccupation dominante de se rendre plus fort, plus instruit et plus sage ; il doit lutter contre les vices et les défauts de toutes natures qu'il a reconnus chez lui, expier, réparer, autant que possible, le mal qu'il a fait à autrui et à lui-même ; il doit s'améliorer de corps et d'âme, s'exercer continuellement et avec constance au *Mieux*. Il parviendra ainsi (il n'est jamais trop tard) à se former un caractère plus sociable par l'étude désintéressée de ses droits comparés à ceux d'autrui. Il deviendra plus ferme en ses desseins par l'austère contemplation de la vérité et de la justice. Il se créera par des séries progressives de sacrifices *spéciaux* et *partiels* un fonds de Volonté *totale* et générale mieux trempée. Son attention constante sera de se sanctifier en pensées, en paroles, en actions, afin de pouvoir entrer après l'épreuve et la transformation de la Mort dans un état supérieur à celui qu'il aura quitté.

IX

Il serait difficile qu'en agissant ainsi sur soi-même on ne se rendît pas, en même temps, plus utile ou meilleur pour le groupe au milieu duquel on achève son existence ; et que la société entière ne tirât point un avantage positif d'une telle modification dans la conduite des Vieillards appartenant à tous les rangs sociaux (1). En effet,

(1) L'âme humanitaire même y gagnera, ainsi que nous l'indiquerons plus tard.

a plupart d'entre eux donnent un exemple bien différent et bien triste, non seulement parmi les classes aristocratiques et bourgeoises, mais aussi parmi les classes obscures, parmi les pauvres et parmi les indigentes.

C'est une grande erreur de la philosophie moderne et des socialistes de croire à une plus grande dose de vertu, dans les rangs inférieurs. Non! L'abandon de soi-même n'y est pas moins grand, seulement les mobiles du mal sont différents. Ainsi, chez le Riche, ce sont les facilités fournies par la fortune et les raffinements de sens dus à l'habitude des jouissances matérielles qui développent la corruption et la dégradation de l'Être malgré ou plutôt à cause de son intelligence aiguisée; chez le Pauvre, la corruption tient à la grossièreté des habitudes, au découragement résultant des grandes privations, à la paresse de l'intelligence, à la stérilité d'une morale qui n'est plus cultivée dans des réunions religieuses par les sermons ni dans l'intimité par les conseils d'un pasteur des âmes.

Reconnaissons, cependant, que si les vices sont les mêmes en haut et en bas, les Classes riches sont plus coupables puisqu'elles sont maîtresses de leur condition, puisqu'il ne tient qu'à elles de ne pas se laisser dominer par les sens et de se priver de jouissances matérielles fréquentes ou prolongées, tandis que les Classes pauvres ne peuvent se soustraire aux privations et qu'elles sont, au contraire, rivées à leur sort pénible, jusqu'à ce que, par un effort extrême, elles soient parvenues à franchir le degré difficile placé entre l'aisance et la pauvreté.

C'est donc d'abord et surtout aux Vieillards des Classes aristocratiques et bourgeoises qu'il convient de demander l'exemple d'efforts soutenus en vue de leur propre amélioration, laquelle déterminera certainement une amélioration sociale dans les autres catégories de personnes de tout âge et de toute condition.

X

Après avoir fait l'ascension de la vie jusqu'au sommet le plus élevé, passé lequel il faut, malgré qu'on en ait, commencer la descente, les hommes qui, dans leur jeunesse et leur âge mûr, n'ont exercé sur eux-mêmes aucune contrainte morale, se trouvent encore envahis par des besoins de volupté dont leur imagination surtout s'est fait une agréable habitude. Leur constitution physique ne les inquiéterait plus avec la même intensité s'ils ne l'avaient point antérieurement surexcitée. On les voit journellement en compétition avec des jeunes gens auprès des prêtresses vénales de la débauche. Ils obtiennent souvent, grâce à une bourse mieux garnie, des triomphes ostensibles devenus bientôt ridicules par des trahisons dont seuls ils ignorent le secret. On les voit encore — ce qui est pire — profiter de leur expérience de la vie, de leur pouvoir, de leur fortune, de leur position sociale pour commencer et consommer la démoralisation de jeunes femmes du monde.

Dans les fabriques, les ouvriers déjà mûrs et même vieux, faisant les fonctions de contremaîtres, imposent souvent d'odieuses conditions aux ouvrières placées sous leur dépendance et dont ils tiennent en leurs mains les moyens d'existence.

Dans le monde, les séducteurs âgés y mettent plus d'art : ils savent que la plupart des femmes est incapable de résister longtemps aux besoins d'hommages et surtout aux exigences renaissantes de la toilette ; aussi prêtent-ils un concours intéressé aux suggestions de la vanité, et ne cessent-ils d'exalter ces instincts naturels, dont l'excès seul est dangereux. C'est à l'aide de ces instincts surexcités qu'ils parviennent à éteindre peu à peu, chez les femmes des classes élevées et moyennes, le souci de la dignité, l'appréhension de la famille, la crainte de l'opinion, le respect à l'égard des enfants.

Dans l'atelier et dans le monde les résultats sont donc les mêmes : là, c'est la brutalité qui commence la corruption par le fait ; ici, au contraire, le fait est le fruit d'une corruption semée et cultivée, ce qui est encore plus triste ! La malheureuse ouvrière qui se soumet pour assurer les besoins inexorables de son existence peut à la rigueur faillir sans être corrompue. Mais que vaut la femme du monde cédant pour accroître ses plaisirs de toilette et de vanité ?

Il y a sans doute un degré de plus de démoralisation dans les hautes classes ; mais, d'un autre côté, il y a un correctif; car, dans ces classes instruites, les individus conservent par leur éducation première des freins qui les arrêtent sur la pente du mal ; on en voit même qui s'amendent, surtout parmi les femmes, tandis que, dans les classes sans Éducation, la chute se poursuit sans autres limites que le code criminel, limites trop souvent franchies.

XI

N'est-il pas désespérant de voir la société minée par des actes immoraux qui semblent n'être que des actes d'entraînement excusable. On paraît croire que leurs funestes conséquences n'iront pas au delà des personnes coupables; mais qui ne sait combien l'influence des relations illicites se répercute au loin dans les organes vitaux de la société civile et politique? Qui ne sait les abus, les actes insensés de favoritisme et d'injustice qu'a fait naître l'intervention féminine?

Sous l'épidémie de cette gangrène sociale, des individualités inférieures ont gagné dans toute l'étendue de l'échelle hiérarchique un ou plusieurs grades au-dessus de gens qui leur étaient supérieurs. Or, *chez les Êtres collectifs, l'unité, la cohésion, la vie ne subsistent qu'au moyen de la Hiérarchie réelle des talents et de l'expérience;* si donc on intervertit de proche en proche tous les rangs par des faveurs qui troublent le classement naturel des individus, on détruit à fond l'organisme de ces Êtres collectifs; on dénature les conditions de leur Vie active. Ils deviennent de simples agglomérations de personnalités. ils ne fonctionnent plus que par les attaches matérielles. Leur cohésion n'est plus qu'apparente : au moindre choc ils se désassocient et s'effondrent sur eux-mêmes comme une voûte qui a perdu sa clef.

Ainsi arriva-t-il sous Louis XIV. lorsque ce Roi, si dur à ceux qu'il n'aimait pas et si aveugle pour ses favoris. eut peuplé ses armées d'incapacités brillantes qui conduisirent bientôt la France aux bords des abîmes.

XII

Revenons au sujet principal.

Le mauvais exemple donné par les hommes âgés est funeste dans toutes les classes sociales, mais il l'est surtout, comme nous l'avons déjà dit, lorsque ces hommes appartiennent aux hautes classes. N'étant point respectables, ils ne sont point respectés. Les fonctions et les affaires étant souvent, en leurs mains, soit un moyen de maintenir la routine, soit un moyen de corruption, les jeunes gens n'ont pas d'autre but que de les en chasser. Leurs richesses étant généralement administrées dans le pur intérêt de leurs passions, de leur égoïsme ou de leur avarice. toute la filière des gens intéressés à leur mort s'avilit en formant des vœux homicides. A quoi bon, pensent-ils, ce vieux libertin sans virilité, ce vieil ambitieux sans autre vue politique que celle d'accaparer les honneurs, ce vieux fonctionnaire dont l'intelligence ne s'applique à rien autre qu'à flatter ses supérieurs ? A quoi bon tous ces gens ridés et parcheminés, dont l'expérience éprouvée, au lieu d'aider l'audace intelligente de la jeunesse, vient contribuer à la démoralisation générale par une impure activité, ou s'annuler sottement dans une inutilité puérile.

XIII

A ceux qui ne voient dans les fonctions publiques autre chose que le Pouvoir en tant que pouvoir, et dans les affaires autre chose que le Gain en tant que gain, à ceux-là les fonctions publiques et les affaires échappent par la coalition des jeunes intérêts et des jeunes appétits, car le Pouvoir et le Gain doivent être sanctifiés par un but utile à la société, sinon ils prêtent le flanc à des attaques dangereuses.

A ceux qui ont laissé vicier leur esprit et leur

cœur, à ceux-là l'impotence du corps arrive plus tôt, parce qu'elle trouve des voies mieux préparées. L'avidité déréglée pour les plaisirs réservés à un autre âge leur en ferme avant le temps la source.

A ceux qui ne se préparent pas à passer, à la suite de cette vie, avec une religieuse et délectable résignation, dans un autre Milieu, à ceux-là l'implacable messager de Dieu, la *Mort,* ménage des surprises terribles aux heures précoces de la vieillesse.

Ainsi se réalisent pour les Hommes âgés, précisément par les efforts mal conçus qu'ils font pour s'y soustraire, les infortunes dont Cicéron, en son temps, cherchait à les affranchir, en leur donnant ses conseils dans son beau livre *de Senectute*.

XIV

Les conseils de Cicéron, qui sont, pour la plupart, encore applicables aujourd'hui, ont un grave défaut : ils ne s'adressent qu'à des Personnages de choix, à des hommes d'une haute Condition.

On peut aussi reprocher au grand orateur d'avoir totalement oublié les Femmes; il ne les mentionne pas *une seule fois* dans son ouvrage. nO dirait qu'elles n'existent nulle part. Il n'a pour elles aucune des consolations qu'il prodigue aux personnages consulaires et qui sont presque exclusivement conçues pour eux seuls. — Du reste, les écrivains et les philosophes païens du siècle de Cicéron et des siècles suivants n'entrevoyaient que pour les Grands de ce monde les jouissances d'un glorieux repos succédant aux Gloires terrestres ; des Petits, point de cure !

Aucun de nos lecteurs ne se méprendra sur la portée des reproches que nous faisons au livre de Cicéron sur la vieillesse. Il aura déjà jugé, par le terre-à-terre des pensées et du style, que nous ne songeons point à comparer notre travail à celui du Romain qui avait qualité pour s'adresser aux Maîtres du monde avec l'autorité souveraine du Talent ; mais bien loin au-dessous d'un chef-d'œuvre, on peut rendre encore des services en comblant les lacunes qui s'y trouvent. Dans sa haute position, Cicéron, uniquement préoccupé des hommes consulaires, a oublié les portions les plus considérables et les plus faibles de l'Humanité, ou, du moins, il les a estimées trop au-dessous du monde où il brillait pour en prendre souci et s'en occuper.

Nous sommes, à notre époque, engagés dans des voies toutes différentes :

Nous pensons que les plus minimes améliorations, généralisées dans les Classes sociales inférieures, comptent et pèsent davantage dans les destinées progressives de l'Humanité que les Raffinements de civilisation introduits dans le sein des Aristocraties.

XV

Le plus abruti des bergers conduisant ses bestiaux sur les solitudes des hauts lieux, la plus simple gardeuse d'oies qui va tricotant par les sentiers à la suite de ses bêtes errantes, jugent parfaitement l'un et l'autre, au fond de leur Conscience, ce qu'ils ont fait de bien et ce qu'ils ont fait de mal dans leur obscure et pénible existence. Qu'un Pasteur d'âmes, descendant à la portée de leur Être, incarne chez eux, si déjà elle n'y est, la foi en la Vie future; qu'il leur imprime une forte conviction sur la nécessité de s'*améliorer* dans cette vie pour passer à une meilleure existence après la mort, et le berger comme la gardeuse verront très distinctement eux-mêmes, selon la mesure de leur moralité, ce qu'il faut réformer dans leur conduite. Si infimes que soient ces pauvres gens, ils se gagneront des mérites par l'exercice de leur volonté; et, par l'accomplissement des devoirs qu'ils s'imposeront, ils se ménageront une vieillesse satisfaite pour le présent et préparatoire pour l'avenir.

Ce Pâtre et cette Pastoure. Cicéron n'y a pas songé, pas plus qu'au Plébéien ou à l'Esclave. Ce n'est pas une raison pour les laisser dans l'oubli, et c'est l'excuse de notre livre vis-à-vis celui du Maître, que d'avoir en vue toutes les classes de la société.

XVI

Trois peuples nous montrent des tendances fort différentes dans la manière dont les classes bourgeoises, industrielles et commerc les cherchent à passer la dernière portion de la vie.

En Angleterre, on se garde généralement d'abandonner les affaires dans lesquelles on a acquis expérience, fortune et crédit. On les continue, au contraire, dans la bonne position que l'on a conquise ; on fait profiter de l'acquis paternel les enfants que l'on s'associe ; on persiste au travail jusqu'à l'arrivée d'une impossibilité physique ou intellectuelle qui soit radicale; on met donc en œuvre toutes ses facultés jusqu'à épuisement de la Vie. Comme on a généralement, dans cette période de travail, des aides dans sa famille ou des associés, on aime à voir les affaires de plus haut et à se consacrer plus particulièrement aux parties difficiles de sa profession, à étudier ses rapports avec les autres industries, à rechercher les améliorations qu'elle peut retirer des progrès des sciences, à tenter d'apprécier ses relations avec les lois économiques et même avec la politique nationale. On devient ainsi un spécialiste consommé, consulté, à l'occasion, par les hommes d'État, et faisant autorité dans les grandes enquêtes qu'ouvre, de temps à autre, le Parlement anglais. La richesse nationale s'accroît donc de tout le travail accompli par cette génération de Vieux et de Vieillards qui est formée d'hommes spéciaux, supérieurs dans certaines branches de l'activité humaine, et qui est à peu près ensevelie en France dans les habitudes du rentier oisif.

Aux États-Unis d'Amérique, c'est peut-être mieux qu'en Angleterre : la continuité du travail persiste, mais c'est généralement dans d'autres carrières. On y profite de l'élan qu'on s'est donné et des ressources de *toutes natures* acquises par le travail pour passer d'une carrière inférieure à une supérieure et ainsi de suite. L'on y voit des hommes commencer par être terrassiers, charpentiers, débardeurs....., s'attacher à faire marcher de front l'accroissement de leur instruction avec l'accroissement de leurs épargnes, et passer par des états, ou métiers, ou professions de plus en plus élevées ou distinguées, de manière à couronner leur vie par les plus hautes fonctions de l'État. Ici, le Capital de la nation en Hommes de mérite et de travail s'accroît incontestablement de la manière la plus avantageuse, et les dons réservés par la Providence à la maturité de la vie se prolongent jusque dans la Vieillesse au profit du Peuple et des Individus. Chaque classe de travailleurs manuels s'honore de voir un de ses membres gravir de proche en proche, par l'étude et par l'application, les sommets les plus élevés, et contribuer à constituer la plus solide et la plus inébranlable des Aristocraties, celle qui possède le pouvoir, le mérite, l'amour et l'habitude du travail, l'intelligence et la fortune.

En France, nous l'avons déjà dit, on suit une

marche toute différente : dès qu'on le peut, *on se retire des affaires* (c'est l'expression consacrée); on a épargné suffisamment pour jouir d'une aisance relative, et l'on se fait rentier, pur rentier généralement, afin de descendre le cours de la vie sans travail et sans préoccupations.

Remarquons en passant qu'il existe une relation assez étroite entre les faits que nous venons de signaler et les mœurs politiques de chacune des trois contrées où ils se passent.

En France, on s'est habitué pendant plusieurs siècles à contempler et à envier le sort d'une Noblesse de courtisans qui ne faisait guère autre chose que de vivre de ses rentes dans l'Oisiveté, en nourrissant le plus complet dédain des classes vivant de leur travail. On ne visait (et beaucoup ne visent encore) qu'à l'imiter et à conquérir l'honneur de ne rien faire, de montrer avec orgueil des mains aristocratiques, dont le travail n'a pas gâté les formes [1].

En Angleterre, la Noblesse ne s'est pas désintéressée de la responsabilité gouvernementale. Les Ouvriers et Bourgeois savent qu'il est d'une difficulté excessive, qu'il est presque impossible

(1) Voyez les romans de presque tous les journaux, il est rare que les héros et les héroïnes n'appartiennent pas à la noblesse.

de sortir directement de leur condition sans le concours de la Noblesse ; mais ils savent aussi qu'en se distinguant dans leur position ils prennent la meilleure voie pour acquérir une considération *réelle* et *sincère* dans les classes aristocratiques. Aussi conserve-t-on avec persévérance sa profession et continue-t-on à s'élever dans la carrière où l'on a obtenu ses succès. On sait que c'est par l'Industrie, par le Barreau et par la Science que l'on peut conquérir un siége à la chambre des Lords.

Aux États-Unis d'Amérique, où tout homme peut aspirer à tout, chacun travaille comme s'il ne devait jamais mourir ; on s'élève de carrière en carrière, de profession en profession, de mérites en mérites, et jusqu'au moment où la mort surprend, on vise toujours à conquérir une position plus élevée que celle que l'on a ; il semble que tout homme de valeur et de talent puisse avoir pour récompense, au couronnement de sa carrière, le poste de Président des États-Unis !

XVII

Je ferai ici une petite observation sur une autre circonstance qui a différencié les Français et en général les peuples latins et catholiques des Anglais, des Yankées, et en général des peuples protestants. Il s'agit de la manière dont on passe le dimanche chez les uns et chez les autres.

En Angleterre et aux États-Unis, le Dimanche est un jour de méditation et de recueillement. En France, c'est un temps où règne la dissipation d'esprit et la déperdition des forces, au lieu d'être un temps occupé à l'accumulation de la Vie et de la Volonté. Le Dimanche devrait être un jour de repos, de révision du passé et de résolutions pour l'avenir, un jour de renouvellement pour les qualités morales et physiques nécessaires au travail futur. C'est généralement, au contraire, un jour d'oubli, d'étourdissement et de fatigues, qui énerve pour le lendemain. Aussi, les classes sociales les moins élevées fêtent-elles trop souvent ce lendemain, et voit-on même, dans des classes supérieures, moins d'énergie et de disposition au travail en commençant le premier jour de la semaine, qu'en achevant le dernier. C'est le contraire qui devrait avoir lieu. Ainsi, l'emploi que l'on fait du dimanche, en France, est en général non seulement inutile, mais nuisible au travail et à la production.

XVIII

Comparé aux systèmes anglais et yankée, le système des travailleurs français, tant pour la coutume de se retirer des affaires le plus tôt possible que pour les habitudes de dissipation dans les jours de repos, est celui qui profite le moins à la Nation et surtout à l'Individu. A tous les points de vue, il y a là des pertes de force considérables, au moral et au physique.

La jeunesse, élevée sous ces funestes exemples, aggrave le mal de génération en génération. Aussi la conscience publique a-t-elle infligé, aux types les plus apparents, le nom de *petits-crevés*, qui dénonce crûment le degré d'appauvrissement physique et moral vers lequel penche la France.

Qu'il en serait différemment si, rentrant en soi-même, chacun se pénétrait plus profondément de la pensée que son Moi se continuera par delà les crises de la Mort, et que ce Moi vaudra plus ou moins dans la Vie future, suivant ce qu'il vaut dans la Vie actuelle, suivant surtout les efforts qu'il fait en vue de la Transformation !

Certes, chacun s'amenderait ! De cet ensemble

d'Individus amendés naîtrait et se développerait l'amélioration de la Société entière.

XIX

J'avoue être arrivé depuis longtemps à cette conviction : que l'amélioration complète de la société française ne peut prendre ses points de départ et d'appui que dans l'amélioration *individuelle* des *hommes* et des *femmes* qui composent la nation. Ma conviction est que notre patrie doit procéder, aujourd'hui, du Particulier au Général pour obtenir une épuration sociale. On est encore trop imbu de cette idée léguée par l'ancienne Grèce : qu'un code de loi improvisé est un moule dont la société prendra nécessairement la forme. Nous pensons, au contraire, qu'aucun système de législation, d'administration, d'éducation et de politique, conçu ou voté après les plus longues discussions, par tels princes ou par telles assemblées que ce soit, ne prévaudra contre les vices, défauts, défaillances et lacunes de la Conscience et de la Conduite de chacun de nous, à tout âge et en tout sexe. C'est par le code moral de l'Individu qu'il faut préparer le code politique de la France. Le succès ne s'obtiendra pas en un jour, mais chacun peut y travailler dès demain.

Je pense de même en ce qui concerne la Famille.

XX

La Famille existe-t-elle aujourd'hui en tant que famille ?

Dans la grande généralité des Familles, les parents ne sont-ils pas plutôt, les uns vis-à-vis des autres, comme de simples connaissances fortuites, et les liens naturels que la communauté d'origine a établis, ne se relâchent-ils pas de plus en plus, en moins d'une génération, à mesure que chacun ou chaque groupe parcourt sa carrière et suit sa ligne sociale ?

Depuis les insultes abominables déversées sur le principe moral de la Famille, à la face de tout l'univers par le roi Louis XIV, avec le solennel éclat dont ce souverain se croyait obligé de revêtir tous ses actes ; depuis cette époque surtout, le vice, fortifié par cet illustre et mauvais exemple, s'est organisé scandaleusement. La sainteté de la famille ne s'est plus lavée de la souillure que lui ont si royalement infligée le *grand Roi* et son successeur, applaudis tous deux par leur séquelle de seigneurs corrompus et de grandes dames libertines. Or, la Famille est la base de tout ordre social, et aucun ordre social ne pourra s'établir facilement en France sans une régénération dans les sentiments et dans la vie de Famille.

J'étends aussi le principe d'amélioration individuelle à la Commune considérée comme étant à la fois et le plus simple des groupes de famille et le premier élément politique de la Nation. Ce sera seulement lorsque la Famille et la Commune seront établies et fonctionneront moralement, que l'on sera en mesure de faire de bonnes combinaisons politiques par les groupements plus considérables qui s'élèvent à la province, à la nation, et aux états-unis ou fédération de peuples.

Nous avons vu, depuis 1789, l'application successive de toutes les formes politiques et le développement d'une multitude de Constitutions dont les préparatifs, la rédaction et la discussion ont parfois duré plus longtemps que leurs applications respectives. L'éphémère de ces organisations politiques ne prouve-t-elle pas leur impuissance et leur inanité, et cependant les plus beaux Génies de la France y ont déposé la quintescence de leurs méditations et de leur expérience ; et cependant la France les acceptait et s'y soumettait par suite de son vif désir de vivre d'une vie régulière, tranquille et normale! Ni science des constituants, ni bonne volonté des constitués, rien n'y a fait. Ces organisations ont croulé les unes sur les autres, sous le coup violent d'une journée. Il faut donc chercher d'autres moyens pour satisfaire ce désir, et voilà pourquoi je renverse la lunette et je regarde par le gros bout, cherchant l'amélioration de la Société par celle de l'Individu, et celle de l'Individu par Lui-même.

XXI

En disant que l'amélioration de l'Individu par lui-même s'harmonise avec toute constitution politique et tout catéchisme religieux, je sais que j'ouvre carrière à une armée d'adversaires pour qui cette formule semblera parente de trop près des formules de la *morale indépendante;* mais n'ayant pas la prétention de faire de la théologie ou de la métaphysique, voulant me borner à la pratique et au bon sens, je maintiens ma proposition, qui est au surplus adoptée par une foule de personnes expérimentées.

Ceux qui se sont exercés à la controverse savent que tout principe mis en formule simple et courte peut donner lieu à des discussions sans fin, si les deux Adversaires sont également adroits à la lutte de l'argumentation. Rien n'est plus facile que d'imaginer des cas plus ou moins exceptionnels où le principe appliqué d'une manière absolue mènerait à l'absurde.

Et cependant ces deux Adversaires acharnés, s'ils n'ont pas un parti pris, tomberont d'accord sur la grande majorité des applications particulières du principe. La Discussion trop prolongée nuit à la Pratique, et creuse des abîmes de plus en plus profonds entre les routes des deux controversistes, la Pratique, au contraire, tend à enlacer les deux routes et à les faire confondre. La Discussion obscurcit le plus souvent la Pratique ; la plus courte Pratique, au contraire, rend la Discussion fructueuse, l'empêche de s'égarer et l'éclaire.

Ainsi, que l'on soit en Monarchie constitutionnelle ou absolue, en Consulat, en Dictature ou en République ; qu'on suive la religion de Bouddha ou celle de Moïse et de Mahomet ; que l'on appartienne à l'une des communions chrétiennes ; que l'on se conforme au culte de la Raison comme en Chine, on s'accordera sans contestation pour considérer, comme un acte mauvais, celui de prendre au prochain les fruits de son travail, celui de séduire une jeune fille, celui d'introduire l'adultère dans une maison, celui de tuer sans motif, celui de laisser les enfants croupir dans l'ignorance, celui de refuser justice à l'opprimé, celui de troubler l'ordre de la société.

Il est également vrai que, selon toutes les formes politiques et toutes les morales, selon toutes les philosophies, toutes les religions, il y a des Devoirs à remplir que chacun reconnaît comme nécessaires et justes, et que cependant chacun néglige plus ou moins.

XXII

La Conscience de chacun, on a beau s'en défendre, lui dit clairement ce qu'il convient de faire ou de ne faire pas dans les événements de sa vie. L'état de civilisation dans lequel il est né suffit à lui offrir l'enseignement nécessaire par cela seul qu'il y vit. Le doute ne peut surgir que dans de rares exceptions, à l'occasion desquelles les habiles eux-mêmes seraient incertains; or, si l'on se trompe en ces cas, l'erreur n'aura pas de conséquences étendues, puisqu'il s'agit de cas exceptionnels. La Conscience moyenne d'un groupe quelconque d'hommes ne peut demeurer *longtemps* dans l'erreur, sinon il en résulterait la destruction des sociétés humaines. Le Bien est le but vers lequel l'humanité gravite dans son ensemble. Si des groupes partiels sont parfois tournés en sens contraire, il n'en peut résulter que des retards sans importance dans l'avancement général. En somme donc et en masse, la Conscience individuelle de l'homme moyen est disposée au bien et au bon. Elle y arrivera toujours, même lorsqu'elle s'en serait parfois écartée temporairement.

Sous le bénéfice des considérations précédentes, en laissant de côté toutes subtilités et n'écoutant aucuns chagrins esprits, je maintiens que tout Individu recueilli, seul, dans sa conscience et son bon sens, *sait parfaitement ce qu'il doit faire pour se corriger, pour s'amender, pour s'améliorer personnellement et pour se perfectionner en tant qu'Individu,* quel que soit le système politique, philosophique ou religieux auquel il se rattache.

L'éclaireur le plus avisé, le conseiller le plus sage, le surveillant le plus strict, le moteur le plus sûr pour se gouverner dans *la voie des amé-*

liorations par soi-même, c'est la Conscience, dont il n'est donné à personne de se débarrasser, quelque désir qu'on en ait et quelque effort qu'on y fasse, n'eût-on même pas foi ou ne crût-on pas avoir foi en Dieu et en la Vie future.

XXIII

On insistera et l'on objectera que la Conscience est plus ou moins éclairée : ici au-dessous, là au-dessus de la moyenne. Hé bien ! en devons-nous conclure que c'est une erreur dangereuse de placer dans la Conscience le critérium de nos actions?

On dira encore que le cannibale mange *consciencieusement* son voisin, que le peau-rouge torture *consciencieusement* son ennemi, que le consul romain fait crucifier *consciencieusement* le chrétien, que l'inquisiteur brûle *consciencieusement* l'hérétique, que le terroriste guillotine *consciencieusement* son collègue, et que le bandit grec ou italien mutile ou égorge *consciencieusement* le voyageur sans rançon.

Cette objection, — en supposant que ces crimes laissent la Conscience absolument satisfaite et tranquille, — cette objection aurait de la valeur si l'humanité se composait uniquement de ces terribles *consciencieux*, mais elle tombe devant l'humanité prise dans son Ensemble et dans la Suite des Siècles, telle que Pascal la considère. Est-ce que le cannibalisme, la torture de l'ennemi, ne disparaissent pas successivement de la face de la terre *après y avoir régné partout?* Est-ce que les sacrifices religieux anciens et modernes n'ont pas été condamnés et supprimés? Est-ce que le terrorisme et le banditisme ne sont pas des exceptions de plus en plus temporaires et restreintes?

N'est-ce pas la Conscience elle-même qui a corrigé la Conscience? N'est-ce pas dans la Conscience que la justice et la bonté ont corrigé l'injustice et la férocité? Les Consciences d'élite n'auraient point ramené à elles les consciences inférieures, si elles n'avaient trouvé chez celles-ci l'élément progressif!

En déclarant que la Conscience est un guide sûr pour celui qui cherche le Bien, un guide que l'on ne trompe pas, je n'entends pas faire une abstraction et séparer la Conscience de tout ce qui constitue la société humaine. Si je place dans la Conscience le critérium de nos pensées, paroles et actions personnelles, j'entends parler de celle de l'homme vivant dans un milieu dont il subit l'influence ; j'entends un milieu placé dans une civilisation dont il subit aussi l'influence ; j'entends une civilisation développée au sein de l'humanité dont elle subit également l'influence, et même j'entendrais volontiers l'humanité placée dans un milieu cosmique dont elle subit l'influence. J'entends que, dans chaque milieu, dans chaque civilisation, dans l'humanité, partout, l'état des Consciences ne demeure pas stationnaire. Les unes réagissent sur les autres, et la moyenne de toutes tend au Bien, au Beau, au Bon, au Juste, parce que la loi et le destin de l'humanité sont d'arriver, à travers tous écarts, toutes crises, tous crimes, toutes calamités, tous cataclysmes. au Bien, au Bon, au Beau, a Juste.

XXIV

J'ai quelquefois relu ce fragment d'un chant étranger :

« A minuit. sur la vaste mer où nul chemin » n'est tracé, longtemps après que toutes » lumières sont éteintes sur le navire, quand » aucune étoile ne brille dans les cieux, une » petite lampe brûle encore sur le pont, une » mèche garantie contre l'impétuosité du vent

» veille pour éclairer l'aiguille qui montre au » pilote sa route. Eh bien, si nous en avons soin, » une lumière tranquille brille dans notre sein » et nous guide à travers toutes les ténèbres. »

C'est la Conscience !

Elle nous guide, dit le poète, *si nous en avons soin*. Sage parole ! Il faut en avoir soin, en effet, comme on a soin de son Corps, la soustraire aux mauvaises influences, comme on se garde de fréquenter les bas-fonds malsains. Il la faut exposer aux conversations et aux lectures morales, la mettre en fréquente communion avec celle des gens de bien dans les familles honnêtes, comme on expose sa personne aux bonnes influences de la campagne et des promenades hygiéniques, dans les hauts lieux et sur les pentes aérées.

XXV

Pour faciliter ces soins nécessaires à la Conscience, la société actuelle fait-elle tout ce qu'elle peut et tout ce qu'elle doit ?

A Rome, les grands hommes de la république et de l'empire entretenaient dans leur intimité, sous le nom de *philosophes,* des espèces de directeurs de conscience chargés de donner aux âmes un Viatique quotidien de belles pensées et de conversations morales. Ce luxe des Riches païens a été mis à la portée de Tous dans les populations chrétiennes du moyen âge par les prédications, par les prônes, par les prières en commun et surtout par la confession. Mais aujourd'hui, malgré les discussions des assemblées délibérantes et gouvernementales, départementales, municipales et autres, malgré la presse quotidienne, les revues, les publications de toutes natures, il y a des lacunes énormes dans l'éducation des Consciences.

Pour venir en aide aux Consciences des classes les plus nombreuses et les plus pauvres, l'instruction publique et privée demeure insuffisante et devra être complétée par des institutions et par des *habitudes* dont les classes les plus riches et les plus favorisées devront sérieusement s'occuper si elles veulent dominer la submersion qui les menace. Nous reviendrons spécialement sur ce sujet, avec plus de précision, dans le cours de cet écrit, notamment au chapitre de *la Nation*.

XXVI

La lumière de la Conscience est alimentée et

ravivée dans le cœur de chaque être humain par la conception de la Vie future, par l'idée que chacun se fait de l'état où il se trouvera dans la période qui suivra la Mort, après la période de Vie actuelle.

Les espérances que chacun concevra pour sa Vie future immédiate auront la plus grande influence sur sa conduite dans cette Vie, et il importe de chercher à les apprécier. Je crois que c'est un Devoir pour ceux qui en ont un sentiment fortement ancré dans le cœur de faire leurs efforts pour tâcher de donner un aperçu de leur conception et de leur Foi; il est possible que la forme individuelle sous laquelle ils émettent cette conception et cette Foi atteigne le cœur et l'esprit de personnes qui n'y ont jamais songé, et qui vivent à cet égard sans aucune conception ou sans croyance, ou bien avec des croyances fâcheuses pour la société et pour elles-mêmes.

Si vous me dites, par exemple, qu'aussitôt après la Mort celui qui a bien vécu se trouve instantanément transporté pour Toujours dans l'infinie béatitude, jouissant des délices ineffables d'une Vie presque divine, je trouve une telle disproportion entre de si magnifiques promesses et la petitesse des vertus humaines, entre cette éternité de jouissances absolue et la courte durée de la vie passée sur cette terre, que ma raison se refuse à admettre une telle conception. Je considèrerai ce que vous voulez me faire croire comme une hypothèse fantaisiste, comme un conte bienfaisant destiné à faire patienter l'Enfance de l'Humanité, et je demeurerai froid, peut-être même ironique devant cette illogique promesse.

Semblable observation contre l'éternité des supplices infernaux; c'est même par là que commencent les répugnances que l'on éprouve à croire que l'état si *court* de notre individualité durant cette Vie sera suivi d'un état *éternel*. La loi de Continuité qui s'observe dans tous les faits du grand et du petit monde, tant moral que physique, se trouverait violée dans le fait qui m'importe le plus! et pourquoi? Ce serait la plus atroce injustice.

Mais si vous en appelez à la raison, au bon sens, et si vous me dites qu'il y aura dans mon sort, après la crise mortelle, une Amélioration ou une Déchéance en raison de ma conduite en cette vie, je comprendrai que cela peut être; je jugerai que cela doit être, parce que c'est juste et conforme à toutes les lois naturelles que je connais.

Bientôt ce sentiment de Justice qui est en moi me convaincra que cela est absolument nécessaire. J'accepterai donc cette proposition, et elle me guidera pour régler ma conduite. J'y retrouverai la loi d'Ordre et de Continuité qui règne dans toutes les parties de l'univers.

XXVII

Il n'est pas un être humain, homme ou femme, qui n'ait réfléchi sur ce redoutable problème :

Que deviendrai-je après la mort ?

Cependant, on ne voit pas que la crainte de supplices terribles pendant l'*éternité*, ou l'espoir de joies ineffables et sans fin exercent une influence croissante parmi les populations européennes et américaines. L'expérience démontre, au contraire, que la crainte de châtiments *immédiats* dans cette vie ou l'espoir de plaisirs prochains produisent un très grand effet.

Il est, en conséquence, permis de se demander si, dans notre for intérieur, chacun de nous ne doit pas reprendre, à un point de vue plus humain et plus pratique, cette question de la Vie future à laquelle nous sommes tous intéressés et que les Vieillards surtout et les Vieillissants, à qui s'adresse cet écrit, devraient sans cesse avoir présente à la pensée.

Ici, je dois déclarer tout d'abord que je n'ai à moi aucune formule complète, ni même approximative de la Vie future ; mais que j'y crois aussi fermement qu'à mon existence actuelle *par les mêmes motifs exactement et en vertu des mêmes sentiments*.

XXVIII

En cette vie, nous sommes tous Responsables des conséquences de nos pensées, de nos paroles et de nos actes. C'est une maxime indéniable passée en droit et sous l'autorité de laquelle nous sommes obligés, dans la société civile, à réparer le tort que nous avons fait à autrui. Cependant, combien de pensées, de paroles et d'actions traversent le cours de notre vie sans entraîner pour nous aucune Conséquence proportionnelle à leur Malice ! Combien demeurent sous nos yeux sans compensation pour le Bien qu'elles ont pu produire ! On ne devrait pas se plaindre de cet état de choses. Il ne peut en être différemment, d'après la constitution même de l'humanité, formée d'Individus à vie courte.

En effet, dans la plupart des cas qui se présentent chaque jour à nos yeux, la réparation et la punition, la récompense et les avantages ne sont pas réalisables immédiatement à la suite des actes accomplis. LE TEMPS EST UN ÉLÉMENT PRESQUE TOUJOURS INDISPENSABLE POUR LES COMPENSATIONS MÉRITÉES. Il y a des vices et des vertus dont les conséquences funestes ou les résultats heureux ne peuvent se manifester qu'*après* une certaine période, et cette période s'étend souvent au delà de la Mort de ceux qui devraient en souffrir ou en profiter. Par conséquent, lors même que les hommes voudraient et sauraient punir ou récompenser les *actes,* ils ne le pourraient pas toujours du vivant des *acteurs.* Cependant les principes de Justice et de Responsabilité exigent d'une manière absolue que les conséquences des actes de chacun, durant son existence temporaire sur la terre, puissent remonter Personnellement jusqu'à Lui.

De là, impossibilité de ne pas admettre une Vie future, car dans tout ce que nous connaissons dans l'univers, nous savons qu'il n'y a ni effet sans cause. ni cause sans effet.

XXIX

On aime généralement à s'étourdir sur ce sujet et à demeurer dans le vague. La perfection exigée dans le catéchisme paraît si loin de l'humanité que l'on n'ose point y réfléchir. On renvoie sans cesse au Lendemain le souci et le soin de s'amender, et l'on arrive ainsi de Lendemain en Lendemain jusqu'au seuil de la Mort, et l'on n'a plus le temps, ni de se corriger, ni d'expier, ni de réparer.

Une opinion s'est malheureusement établie chez un grand nombre de personnes, surtout parmi les classes arriérées de populations dévotes et superstitieuses : c'est qu'un repentir subit et sincère au *dernier* instant de la vie peut effacer tout le mal qu'on aurait fait, principalement dans le cas où l'on obtiendrait une Absolution régulière.

L'espoir que la suprême minute précédant celle de la mort peut engendrer un Repentir capable de faire ouvrir les portes du céleste séjour, cet espoir encourage la négligence de soi-même et entretient la lâcheté devant le Devoir. Il conduit à des conséquences pires encore et perpétue des crimes qui sont à peu près considérés comme réguliers par ceux qui les commettent. Tels sont, par exemple, ceux des brigands de profession d'Espagne et d'Italie, distribuant leurs coups de couteau avec la plus complète tranquillité de conscience, parce qu'ils spéculent sur la bonne chance d'être confessés et *absous* à l'article de la Mort [1] !

Certes, un Repentir sincère est bien le commencement obligé d'un changement de conduite : mais la sincérité ne pourra s'affirmer que dans les œuvres, lorsqu'on se retrouvera aux prises avec les tentations et les duretés de l'existence, soit avant, soit après la Mort. Jusqu'alors le Repentir n'est qu'une simple théorie. Si donc on a le malheur d'éprouver le Repentir seulement à la minute de la Mort, on entrera dans la nouvelle existence avec tout son inventaire à régler, charge lourde qu'on aurait pu alléger en cette vie par des œuvres tant petites qu'elles eussent été. Il ne faut point remettre à l'avenir le Devoir de tout expier, de tout réparer, de tout amélio-

(1) Cette superstition va plus loin encore, puisque dans leur vengeance ils mettent le couteau sous la gorge de leur ennemi terrassé en lui promettant la Vie s'il renie Dieu, et l'égorgent vivement au moment du blasphème, afin, pensent-ils, de faire périr à la fois le Corps et l'Ame.

rer, car plus l'on tarde et plus le mal accompli étend ses ravages et se multiplie par le temps, de même qu'une Dette s'accroît par les Intérêts.

Puisque l'on a d'autant plus de peine à se libérer de ses dettes que l'on a laissé plus longtemps s'accumuler les intérêts, de même il faudra faire d'autant plus d'efforts de vertu ou supporter d'autant plus de douleurs expiatoires, pour racheter ses défauts, ses vices et ses actes criminels, que l'on aura retardé davantage le jour du Repentir efficace.

XXX

Bah! s'écriera-t-on, vous croyez donc que chacun de nous a déjà Vécu sur cette Terre, et y revivra encore pendant une longue durée de siècles, comme pensait ce grand philosophe qui se souvenait, disait-il, d'avoir été blessé au siége de Troie?

XXXI

Je ne donnerai aucune opinion sur ce sujet. — Je ne dirai pas : Je crois qu'il en est ainsi; mais je ne dirai pas non plus : Je crois qu'il n'en est pas ainsi. — Cela peut être; mais cela peut ne pas être.

Qu'importe?

Les conséquences de la perpétuité et de la continuité du Moi n'en existeront pas moins, quel que soit le Lieu où se passera notre prochaine existence, quelle que soit la Forme que nous y revêtirons.

Dès que le Moi humain existe, — et de cela chacun a la plus entière certitude (c'est même peut-être la seule chose de laquelle chacun ait la certitude absolue), — dès que le Moi humain existe, il ne peut pas plus périr que ne peut périr le moindre élément de l'univers. Dès que cet élément de l'univers ne peut périr, les divers états par lesquels il a passé, comme ceux par lesquels il passera, sont tous fonctions les uns des autres. Ils doivent chacun dépendre des états antérieurs. Nous avons été, nous sommes, nous serons dans la Vie éternelle de l'univers, et notre sort dépend de nous.

Comment les Transformations successives s'accomplissent-elles? — Je n'ai pas besoin de le savoir. — Il me suffit d'être convaincu qu'elles suivent leur cours en s'enchaînant l'une à l'autre, soit sur cette terre, soit en dehors, soit en partie avec l'humanité, soit en partie en dehors, soit sous des formes déjà connues de nous, soit sous des formes inconnues, soit à l'état visible, soit à l'état invisible ; mais toujours avec *Justice* et *Responsabilité*.

Sans Justice et sans Responsabilité, il n'y aurait point Ordre dans l'univers, et l'univers est Ordre partout.

XXXII

Cependant, puisqu'elle est venue se placer sous ma plume, cette hypothèse d'un retour des Morts parmi les Vivants de la terre, — soit immédiatement après le décès, soit (ce qui serait plus probable) après un délai variable [1], je ne la laisserai point passer sans quelques réflexions.

Il semble d'abord que si cette Hypothèse s'enracinait jusqu'à devenir une Conviction religieuse dans un groupe d'hommes réunis en Peuple, elle serait terriblement puissante pour déterminer les membres de ce groupe à se conduire honorablement, avec Justice, lors même qu'on se bornerait à supposer que Dieu n'emploiera d'autre moyen de récompense qu'une loi analogue à celle du talion.

(1) Un délai semblerait nécessaire, en effet, pour que les conditions favorables à la Renaissance individuelle pussent être reproduites, de même que les forces vitales se reconstituent dans la durée journalière du sommeil.

Le Roi ambitieux ne reculerait-il pas devant une guerre d'ambition, s'il était absolument convaincu que pendant une suite de siècles Lui-même et sa Postérité souffriraient des cruautés, des misères, des violences, des blessures, des incendies et des tueries, semblables aux cruautés, misères, violences, blessures, incendies et tueries que son injuste guerre aurait accumulées sur les milliers de Créatures humaines exposées aux coups de son armée. — Le dédain d'une Châtelaine fière, dissolue et dissipatrice, vis-à-vis l'économe, sage et modeste Paysanne, ne se changerait-il pas en aménité, si elle craignait réellement, dans le fond de sa Conscience religieuse, d'être exposée dans une autre vie à un renversement de conditions sociales pour n'avoir point rempli les Devoirs de la condition favorable qui lui avait été accordée. — Le Fabricant, l'Entrepreneur cupides, qui profitent aujourd'hui des besoins et de la faiblesse du Pauvre pour en obtenir du travail à moindre prix, ne se décideraient-ils pas à rétablir eux-mêmes la balance exacte, s'ils étaient persuadés que plus tard, après avoir quitté cette vie, ils deviendront dans une autre existence Débiteurs de toutes les sommes qu'ils auraient perçues en dehors de la justice..., et ainsi de suite pour tous, aussi bien pour l'Ouvrier qui trompe en dissimulant des malfaçons dans le travail qu'on a confié à sa Conscience, que pour la Servante qui détourne à son profit une partie de l'argent ou des provisions de la Famille où elle sert et dont elle est presque devenue un membre...

Inutile d'aller plus loin; car, je me hâte de le répéter, je ne veux pas me faire le défenseur de l'hypothèse des Renaissances successives parmi les hommes, et encore moins lancer mon imagination sur les modes d'expiation ou d'encouragement que Dieu tient en réserve pour chacun de nous après sa mort. Il est très clair que nous ne pouvons nous figurer ce qui peut se passer dans une autre Vie qu'au moyen des éléments connus de nous dans la Vie actuelle, et que si nous voulons la représenter par des formules précises, nous ne le ferons qu'avec une naïveté ou une crudité presque ridicules. Aussi les philosophes anciens et modernes, qui ont suggéré l'idée des Renaissances, sont-ils demeurés dans le vague, ont-ils évité de préciser quoi que ce soit et d'indiquer même une ombre fugitive de formes embryonnaires. Je ne veux donc retenir de toute cette déviation vers le pays des rêveries que la remarque de l'influence exercée sur la conduite des Individus par la croyance à un retour sur terre avec Responsabilité indéfinie prolongée dans toutes les Existences successives. — Cette influence serait peut-être plus considérable que celle d'un Enfer et d'un Paradis immédiats et éternels. A voir combien peu ont de puissance la crainte de l'Enfer et l'espoir du Paradis pour corriger de leurs défauts LES PERSONNES MÊMES QUI Y CROIENT, il ne paraît guère que ces deux sentiments soient d'un effet suffisant.

XXXIII

En énonçant ce principe, que l'état de notre Être après la Mort sera la continuation de l'état de l'Être avant la Mort, on risque de faire penser que les deux états sont la suite l'un de l'autre, comme une équation transformée est la conséquence exacte de l'équation précédente, ou comme la situation d'une machine en activité est à chaque instant la conséquence forcée de sa situation à l'instant immédiat qui vient de s'écouler.

Ce serait méconnaître la Vie divine qui ne s'éteint jamais dans notre Être. Il faut, au contraire, se bien persuader que, dans l'existence nouvelle, suite de notre transformation après la Mort, nous sommes en possession de Facultés nouvelles et nous fonctionnons dans un Milieu nouveau, tout en étant aux prises avec les éléments préparés durant les existences précédentes, en sorte que les conséquences d'un *etat antérieur* se trouvent, dans les *états suivants*, compliqués et masqués en quelque sorte par les éléments propres à ces nouveaux états : elles y sont *virtuellement* plutôt que *formellement*.

Pour tâcher de mieux préciser cette observation, reprenons, par exemple, l'hypothèse des Renaissances successives avec Responsabilité immédiate ou médiate, s'accomplissant sur notre terre pendant la durée de l'existence solidaire de l'Humanité et de la Planète.

A la vue des Classes sociales et des Individualités qui sont misérables, malades, infirmes, en proie aux peines de l'âme et du corps, qui ont partout les mauvais lots, les chances funestes, les accidents, les labeurs accablants, qui deviennent, sans motifs apparents, victimes des injustices des chefs, des erreurs des magistrats, des violences de la multitude et des préjugés populaires......, à la vue, dis-je, de ces déshérités et en considérant le principe de la Responsabilité, on pourrait en conclure qu'ils méritent leur sort par suite de leurs fautes et en punition des actes de leurs Vies antérieures.

Il serait même dans l'intérêt des Heureux et des Puissants d'adopter, de propager et de faire valoir cette opinion. En effet, ceux-ci pourraient d'abord s'enorgueillir de leur propre bonheur comme étant accordé par la Providence à leur sagesse et à leur conduite dans leurs Vies antérieures; puis ils se trouveraient autorisés aussi à jouir de ce bonheur comme de chose due, sans la moindre préoccupation des malheurs d'autrui.

On voit, sans qu'il soit besoin d'insister, tout le parti que les Heureux égoïstes pourraient tirer de l'hypothèse des Renaissances successives avec Responsabilité, pour faire des Parias, pour rétablir en quelque sorte des Castes. Ils se classeraient au rang des demi-dieux, *non à cause de leur conduite exemplaire ou de leur sagesse,* mais précisément en raison des avantages et des félicités dont ils se trouveraient favorisés et qui seraient, dans leur esprit, la récompense de Vies antérieures.

Il est important, très important, de prévenir des conclusions aussi antisociales et aussi contraires à la charité; ce à quoi suffira sans doute la considération suivante.

XXXIV

L'existence actuelle ne contient pas seulement en elle la Vertu et la Résultante des formes et des substances manifestées dans l'Éternité qui nous est antérieure : elle contient aussi la Vertu et la Semence des formes et des substances qui se manifesteront dans l'Éternité postérieure. Le Souffle vivant relie et meut ce passé et cet avenir. Par conséquent telle souffrance, telle privation, éprouvées à un instant déterminé, *peuvent tout aussi bien être l'expiation d'une faute ancienne, d'un péché originel, que les matériaux d'une qualité future, d'une période paradisiaque.*

Nous sommes donc toujours entre deux inconnues, entre deux doutes, entre deux questions insolubles :

Mon malheur est-il une Punition de mes fautes passées ?

Mon malheur est-il, au contraire, la préparation d'un Bien futur ?

Ces joies de l'existence sont-elles une récompense d'un passé ou l'escompte d'une situation douloureuse dans l'Avenir ?

Ce bonheur inoui, cette richesse immense que

tels grands Seigneurs consomment si rapidement, sont-ils puisés dans le trésor de vertus patiemment accumulées, ou bien forment-ils la provision destinée à un long chapelet d'existences, le capital d'avances nécessaires à leur organisation? Dans ce dernier cas, combien les imprudentes dissipations nuiront à l'avenir et feront passer dans l'agonie une douloureuse série de vies futures!

Tout cela est-il purement hypothétique ? N'est-ce pas tout simplement raisonnable et conforme à ce que nous voyons dans l'univers?

XXXV

Ce qui précède se rattache aux questions du Mal et de l'inégalité des Conditions, du libre Arbitre et de la Prescience divine. Je ne me sens pas l'haleine assez longue pour traiter métaphysiquement ces éternelles questions : je me borne à déclarer naïvement qu'en dépit de tous les raisonnements sur la liberté et le fatalisme, je me mentirais mille fois à moi-même si je ne proclamais que je *me sens absolument Libre*. Je crois qu'il en est ainsi des autres hommes.

Lorsqu'on rencontre dans sa vie un *oui* ou un

non à prononcer, sent-on, en son for intérieur, quoi que ce soit qui force à dire l'un plutôt que l'autre ? Ne se sent-on pas, au contraire, parfaitement Libre de décider *oui* ou *non*, comme d'aller à droite ou à gauche, comme de faire ou de ne pas faire ceci ou cela, ceci plutôt que cela, ou cela plutôt que ceci ? Aucun discuteur, tant subtil qu'il soit, aucun argumentateur, dans tel embarras que son raisonnement me puisse mettre, ne m'empêchera de sentir ce que je sens, c'est-à-dire de me sentir Libre et de déclarer qu'*en fait* je me sens tel.

Je n'emploierai donc pas mon temps à disserter sur la question de la liberté de l'homme. Je regarde la solution exacte comme impossible. La liberté dans laquelle l'homme se sent est un fait, un *datum* de l'être fini. C'est un fait pour lui qu'il se sent absolument maître de choisir, à chaque instant, entre les deux voies qui s'ouvrent devant lui. Puis-je discuter contre un fait ?

Je dirai tout aussi franchement que je ne crois pas au Mal absolu, au Mal éternel, lorsque je me place au point de vue infini. Je crois seulement au Mal préparant, fécondant, produisant toujours, en fin de cause, un Bien : ce qui éteint la question de l'inégalité des Conditions et beaucoup d'autres. Bien entendu que cette conviction est corrélative avec celle de la Continuité de l'Être après la Mort, c'est-à-dire avec celle de la Vie éternelle et de la Responsabilité.

Qu'il y ait en tout ceci un Mystère, je ne le nie pas. Mais s'il n'existait pas de mystère pour l'Homme fini, l'Homme serait Dieu.

L'Homme doit se résoudre à vivre dans cette condition : le Mystère. Il ne peut s'affranchir du Mystère : il en est entouré ; il y est plongé. Tout ce qu'il peut, c'est d'en transformer l'apparence et d'en déplacer, de temps à autre, le point de départ ou le centre.

Ce déplacement et cette transformation peuvent constituer un progrès réel. Tous les gens qui se sont occupés de mathématiques, même élémentaires, savent que le fait seul de mettre une équation sous une autre Forme, suffit souvent pour découvrir des propriétés et des vérités qui demeurent parfaitement dissimulées sous la première Forme.

Resumons-nous.

Dans cette première partie de notre livre, nous avons posé ce principe : que le plus grand devoir des Vieillards et des Vieillissants était de profiter des jours de grâce que Dieu leur accorde, de l'expérience qu'ils ont acquise dans la traversée de la vie et enfin de la tranquillité relative que leur permettent généralement les affaires et les Passions pour agir consciencieusement sur eux-mêmes, s'amender, expier et se perfectionner au moins intellectuellement et moralement, ce qui peut se réaliser *dans toutes les situations de la vie*.

Nous avons signalé l'influence que [illegible] bons exemples auraient sur les jeunes générations dont les désordres trouvent si souvent une excuse dans la conduite scandaleuse d'une foule de gens âgés, même des plus distingués par le talent ou par la fortune.

Nous avons présenté, — comme moteur et comme sanction pour cette œuvre de Vieillards faisant retour sur eux-mêmes et se préparant à une nouvelle destinée, — le principe de la continuité du Moi humain, de Vie en Vie et de Mort en Mort dans des états successifs qui sont chacun fonction l'un de l'autre, à la fois conséquence de leur Passé et point de départ de leur Avenir, Fruit et Semence tout ensemble.

Nous avons dit, en passant, que pour la Régénération de la France, il nous semblait prudent de compter plutôt sur l'*amélioration individuelle,* sur le perfectionnement de l'être humain, de l'Individu par lui-même que sur l'influence *immédiate* des constitutions politiques, des Lois et des Formes administratives ou gouvernementales qui se succèdent depuis près d'un siècle et ne paraissent point avoir obtenu d'effets définitifs en Bien, ni sur les Mœurs privées ni sur les Mœurs politiques.

A cette occasion, nous avons touché, dans un paragraphe, à l'amélioration qu'il nous semble indispensable d'obtenir dans les relations de la famille, et c'est principalement à ce point de vue particulier que je vais examiner, dans le chapitre suivant, les Devoirs et l'Influence des Vieillards.

CHAPITRE DEUXIÈME

LA FAMILLE

I

Il est indéniable qu'aujourd'hui, en France, les coutumes, les mœurs, l'opinion sont à peu près sans influence sur la conservation des liens de Famille et que les Lois y servent peu.

Au contraire, les effets de la civilisation, les changements multipliés de formes politiques, la disparition des priviléges de la noblesse, l'égalité des partages entre les enfants dans les successions, les appels séduisants que l'industrie cosmopolite adresse aux travailleurs agricoles, la facilité des déplacements, les énormes écarts de fortune entre gens d'une même origine, tout contribue à disperser et à séparer les Parents.

On remarque dans presque toutes les Familles bourgeoises un certain nombre de membres qui n'ont conservé aucunes relations avec les autres, soit par chute dans les bas fonds de la société, soit, au contraire, par élévation à des positions plus hautes. Les favorisés s'efforcent d'oublier et de faire oublier d'où ils sortent. Les déchus s'enfoncent de plus en plus dans leur bourbier, et personne ne s'en met en peine; on les évite et même on les repousse. Souvent les parents sont moins obligeants entre eux que des amis d'aventure, et la connaissance des degrés de parenté qui existent entre eux se perd entièrement après quelques générations (1).

II

Ce sont les Vieillards qui souffrent le plus de cet état de choses. Car, dans une Famille constituée, ils recueilleraient une considération, une déférence, un respect qu'ils sont loin d'obtenir aujourd'hui, à moins que leur position de fortune ou de crédit ne soit de nature à faire naître des

(1) Chacun peut vérifier le fait dans les familles tant soit peu nombreuses, s'il prend la peine de remonter seulement aux bisaïeuls des grands parents qui seraient décédés dans le dernier quart du siècle précédent, un peu avant la Révolution.

espérances d'héritage ou de protection. Hors ce cas d'espérance, ils ne sont que des unités débiles et négligées, appartenant à des Familles morcelées, disséminées, sans point de ralliement.

C'est cependant au sein d'une famille que les Vieillards et les Vieillissants des deux sexes seraient appelés par la nature à exercer la plus salutaire influence.

III

Quels sont, en effet, ceux qui peuvent exercer de l'influence sur les relations des parents entre eux, et avoir quelque autorité dans les Familles? Les héros, les grands hommes, les personnages publics, les écrivains peuvent bien, par leurs discours et par leurs écrits, entraîner les masses vers un but politique, mais ils sont trop loin ou trop haut pour pénétrer dans les faits et les pensées de la vie quotidienne, pour déterminer l'Application des Principes généraux de Morale et d'Administration aux détails multiples et si divers des affaires de Ménage, de Famille, d'Ateliers et de Professions. Ce rôle ne pourrait appartenir qu'à des Parents placés dans les situations ordinaires de la vie, jouissant d'une bonne réputation, ayant acquis du crédit et de l'autorité par leur conduite, leur sagesse et leur expérience; c'était celui que prenaient les Patriarches et les Chefs de Famille dans l'antiquité. Mais où est aujourd'hui en France le Patriarche? où est la Famille constituée? La Patriarchie disparaît ; partout ses vestiges s'effacent, même chez les Peuples orientaux qui l'ont conservée le plus longtemps. Dans l'Est de l'Europe, où elle subsiste encore et où elle est un des éléments de l'organisation communale et de l'administration civile, on la signale maintenant comme se transformant à vue d'œil. La civilisation, dans sa marche progressive, semble s'éloigner de plus en plus des formes politiques où le Groupe familial jouissait d'une influence quelconque.

IV

En France, l'esprit de Déliement est universel. Il se propage partout. Partout il pénètre, ronge et se multiplie. Tout y descend et tout y remonte. Tout lui est cause : tout en est effet.

V

Qu'on se place d'abord au point de vue religieux : on reconnaîtra bientôt que la cohésion de la France catholique n'est qu'une pure apparence.

La cohésion des nations européennes protestantes, au contraire, est une réalité incontestable. Peut-être cette cohésion est-elle proche de la décadence ; mais au moment actuel elle existe : on ne peut le nier, et c'est aisé à expliquer. Là, le libre Examen a surgi lors d'une époque hiérarchique et pleine de Foi : il a été, conséquemment, contenu et dirigé de manière à former des Groupes nombreux dans chacun desquels tous les membres se sont ralliés sous un Ensemble de Croyances émondées en ce qui choquait le plus leur raison. Ici, au contraire, c'est surtout à l'époque de la dissolution de l'ancien ordre politique, lorsque les Doctrines de la Révolution envahissaient tous les esprits et le clergé lui-même, c'est alors que le libre Examen s'est trouvé aux prises avec un Catéchisme immuable ! Aussi chacun a-t-il suivi sa pente, sans direction, sans surveillance commune ; aussi chacun s'est-il fait, à part lui, un *Credo*, une règle de culte et une discipline, sans autre conducteur que lui-même, sans autre lumière que celle de sa science propre. C'est pourquoi l'immense majorité des Français se laisse nommer, se nomme même volontiers *Catholique,* et n'est au fond qu'une collection de Protestants sans bannière, sans nom confessionnel, isolés et tout à fait différents les uns des autres. Elle est moins qu'un groupe de Protestants à Église déterminée : chacun s'étant bâti sa propre Église en son esprit. — Donc, absolu Déliement religieux.

VI

Au point de vue politique, même fragmentarisme. Depuis quatre-vingts ans, aucun Gouvernement n'a guère pu se maintenir au delà de la durée d'une demi-génération. Dans ce court intervalle de temps, l'opinion s'est déplacée ou plutôt a viré de tête en queue de manière à briser toutes les attaches, à éteindre toutes les traditions, à casser et à renouveler tous les serments. Quelle Foi, quelle Conviction conserver dans ces chutes successives, dans ces cataclysmes périodiques où chacun voit crouler comme château de cartes ce qu'il considérait naïvement comme édifié sur le roc, où chacun voit se dissiper en un clin d'œil, sans résistance et comme le fantôme d'un rêve, les Entités qu'il croyait solidairement liées à la société tout entière. Trois époques de République, deux périodes d'Empereur, trois de Régime Constitutionnel octroyé ou voté, sans compter les intermèdes directoriaux, consulaires ou dictatoriaux, sans compter les crises d'orgies sanglantes, et le tout dans un délai que la vie d'un homme a pu embrasser! Certes, voilà plus qu'il n'en faut pour balayer les dernières traces de toute foi politique.

Donc, absolu Déliement politique.

VII

Dans cette vaste dissolution, si complète, si universelle, la grande majorité des Vieillards perd inévitablement toute voie; n'étant plus emportée par la Passion qui a toujours un but, elle ne sait plus ni où elle doit s'asseoir, ni où elle doit se réfugier; n'ayant ni boussole religieuse, ni boussole politique pour se diriger au milieu de débris flottants, comment se hasarderait-elle à offrir les conseils d'une expérience si souvent et si radicalement déçue? Quelques-uns d'entre eux conservent une foi et même une foi vive en des choses qui ont été, qui ont jeté un grand éclat et qu'ils espèrent voir revivre; mais ils ne peuvent plus les défendre pratiquement, car les

Gouvernements renversés ont fourni de justes sujets de plainte.

Il n'y a donc plus à invoquer ni tradition (elle a été trop souvent interrompue et brisée), ni logique (elle a été trop souvent en défaut), ni expérience (elle a été trop souvent trompeuse).

Dans les bouleversements, le rôle du Vieillard s'amoindrit jusqu'à la nullité ; son âge, qui lui donnerait crédit, si la ligne suivie par lui avait été régulière et continue, permet au contraire de fouiller dans sa vie politique et religieuse, d'y puiser des armes sûres contre ses paroles ou contre ses actes du moment.

A-t-il au moins conservé quelque prestige dans sa Famille ! Ce ne serait que par exception ; car, en général, les divers membres d'une famille se trouvent répandus dans tous les Partis qui ont successivement régné, et les plus jeunes membres vivent surtout dans les Partis le plus récemment en scène. Or, les Vieillards, qui ont passé par un grand nombre de régimes différents, régimes dont quelques-uns (quelquefois tous) ont obtenu leurs sympathies, se trouvent fort embarrassés de leur Passé. Ils sont, sous le rapport politique, en moins bonne position que les jeunes gens, car ceux-ci sont encore libres de tous engagements et à l'abri de reproches pour les serments oubliés et pour les actes accomplis sous l'empire de sentiments maintenant réprouvés.

Que peut être un Vieillard sans chevrons vis-à-vis de jeunes et ardentes générations?

VIII

Et la Patrie?

Comment résisterait-elle à une dissolution si complète de tout ce qui cimente l'Unité des agglomérations humaines? Où s'est réfugiée son Ame privée de Foi religieuse et de Foi politique et de ces liens Traditionnels des grandes Familles et des coutumes provinciales? Après la fuite de cette Ame, que deviendra le Corps dont les membres ne semblent plus rattachés que par l'administration centrale du Territoire et par l'accumulation d'un Capital fruit de l'Épargne de nos Pères? Et ce Territoire lui-même, n'est-il pas depuis longtemps convoité, dépecé en imagination par d'avides Voisins? Et ce Capital, n'est-il pas l'objet des mêmes cupidités, tandis que la Propriété telle quelle est constituée se trouve minée, torpillée en tous coins par les appétits fanatiques des Partageux et des rêveurs de Liquidation sociale?

O Ame de ma Patrie, Toi qui seule peux défendre son Corps contre le démembrement, veuille Dieu te donner aide et réconfort! Que chacun de nous, qui en sommes une portion, fasse un retour sur lui-même et voue les plus ardents efforts de sa Volonté à sa propre Amélioration, afin que la somme des *Améliorations individuelles* enfante une *Amélioration générale!* C'est à vous surtout, ô Vieillards mes contemporains, que ces paroles s'adressent! C'EST A VOUS DE COMMENCER et de prêcher d'exemples : assainissez vos âmes. — Ton âme est-elle saine? ton corps sera toujours pur, dit Phocylide.

IX

La cohésion d'un Pays est grandement fortifiée par l'existence des Familles aristocratiques, *tant que celles-ci maintiennent leur position privilégiée au moyen de l'accomplissement des devoirs mêmes qui les ont constituées,* tant qu'elles se montrent *supérieures* par la Moralité et par le Dévouement aux intérêts généraux du Pays.

La France n'a plus ces Familles.

Est-ce une perte? Non! en ce sens qu'elles avaient généralement déchu après avoir puissamment contribué à la fondation de l'Agglomération française et de l'Unité patriotique. Elles étaient devenues pour la plupart, — à l'exemple des rois Louis XIV et Louis XV, — les principaux leviers de la démoralisation sociale et de la destruction du lien familial par des abus de conduite dont le scandale a eu un long et un douloureux retentissement.

Tout se paie et s'expie ! Malgré les efforts que fait aujourd'hui leur Descendance pour rétablir l'Honneur et ressaisir le Crédit du Nom, elle ne parvient guère qu'à reconstituer la Richesse.

Malheureusement, en perdant la cohésion et l'esprit de suite dû aux grandes Familles traditionnelles, la France a perdu en même temps le respect du principe de la Famille, principe qui, uni à celui de la Propriété, forme la base matérielle, réelle et nécessaire d'une Nation et d'une Patrie : la Nation étant une Famille agrandie et la Patrie une Propriété élargie.

X

Faut-il se borner à déplorer un tel état de choses?

Au lieu de perdre ses paroles et ses écrits en vaines exhalations de Regrets, ne doit-on pas plutôt chercher à se conformer aux sentiments, aux idées, aux faits qui constituent notre histoire depuis près d'un siècle, et prendre là son point d'appui pour reconstituer un esprit de Famille et un Lien traditionnel entre les générations qui se suivent, pour rétablir la connaissance des Ancêtres et la Vénération qu'ils auront méritée, pour récompenser l'Honneur du Nom et pour le rehausser, pour favoriser une surveillance attentive et efficace des Parents les uns sur les autres et la Protection mutuelle entre personnes issues du même sang, pour fortifier la considération des Alliances et pour donner de l'Extension aux sentiments de Parenté en les prolongeant vers les Amis ou les Clients de la Famille?

En un mot, tout ce qui a fait la grandeur, la force, l'éclat et la beauté des *Patriarchies* et des *Aristocraties* anciennes ne peut-il pas reparaître sous d'autres formes, sans recourir aux Prestiges de caste, sans reconstruire les temples d'Orgueil et d'Injustice, que les anciennes Familles nobles avaient élevés dans leurs cœurs au mépris de tous sentiments religieux et de toutes révélations divines?

XI

Ici, nous demandons au lecteur toute son indulgence pour notre audacieuse entreprise. Nous allons, en effet, nous hasarder à indiquer un mode de reconstruction pour l'Ame et le Corps des Familles, mode qui paraîtra bien humble au premier abord, mais qui se révélera avec les chances d'une puissance progressive lorsqu'on prendra la peine d'y réfléchir quelque temps et d'étendre ses regards sur les conséquences éloignées qu'il comporte.

Nous allons prendre l'idée un peu loin, espérant qu'on nous pardonnera la digression.

XII

Il existe une institution très populaire, sortie des plus profondes entrailles de la Classe la plus nombreuse et la plus pauvre, c'est celle des Sociétés de secours mutuels, en apparence moderne, mais dont les origines remontent aux civilisations antiques.

Elles ont pour but principal de former avec de très faibles cotisations, prélevées périodiquement sur tous les membres de la Société, un *fonds commun* de quelque importance dans lequel les administrateurs, nommés par tous les associés, puisent des secours temporaires en faveur des membres que la maladie frappera.

Tous contribuent également à la création du fonds commun, parce que *tous* sont également soumis aux chances de la maladie et que le danger plane *également* sur chacune des têtes, mais le fonds ne sera disponible que pour les *sociétaires atteints*. Il s'opère ainsi une sorte de Compensation qui repartit *sur la masse totale*, dans des proportions supportables *par chacun*, les afflictions pécuniaires dues aux maladies et aux accidents, afflictions qui, presque toujours, écraseraient le petit nombre des malades sans cette combinaison bienheureuse.

C'est là qu'a pris naissance le principe des Assurances dont on a vu dans ce siècle le remarquable développement et que sans doute nos enfants verront s'étendre et se ramifier au delà de tout ce que nous pouvons imaginer, à mesure que se perfectionnera la science des Lois naturelles, physiologiques et morales, qui gouvernent l'espèce humaine et le monde extérieur.

XIII

La bienveillance mutuelle, le sentiment de la solidarité et une certaine dose de Charité s'associent forcement aux calculs de la prudence et de la Prévoyance dans les Sociétés de secours mutuels. Il est impossible, en effet, d'établir une proportion rigoureusement exacte entre les cotisations que l'on doit demander à chaque membre et les chances de la maladie qu'il court. On sent qu'il faudrait pouvoir connaître et apprécier scientifiquement une foule de Circonstances *intimes* et *personnelles* dont le sujet lui-même ne peut se rendre compte et dont les médecins non plus ne pourraient souvent déduire aucune conclusion certaine. L'état sanitaire au moment de l'entrée en société est donc censé soumis aux mêmes chances pour tous les associés : et l'on néglige volontairement les conséquences de la vie habituelle de chacun, laquelle aura cependant sur la santé, à l'époque de la Vieillesse surtout, une influence si considérable. On ne se préoccupe pas davantage des prédispositions héréditaires, si peu étudiées encore même dans les Familles les plus régulières des Aristocraties ; on ne fait même pas d'exclusion pour les sujets soumis à l'action plus ou moins délétère de certaines Professions ou qui séjournent dans des milieux malsains.

XIV

Aussi, *Assurance* et *Fraternité*, telles sont les bases essentielles de cette admirable et populaire institution des Sociétés de secours mutuels.

En Angleterre, il y a tendance à faire prédominer l'*Assurance*. On y a reconnu, dès l'origine, que le nombre des jours de maladies capables d'interrompre le travail d'un ouvrier augmentait à mesure que l'ouvrier devenait plus âgé. On a fait sur ce sujet de nombreuses recherches statistiques, où tous les éléments de la question, le sexe, le métier, le lieu de résidence ont été notés, et l'on en a formé des tables de maladie qui servent à calculer les rapports à établir entre le montant des cotisations des personnes de divers âges qui se réunissent en Sociétés de secours mutuels. Il en résulte que les cotisations périodiques des sociétaires varient en raison de l'âge qu'ils ont en entrant dans l'association, et que les sociétaires paient d'autant plus qu'ils sont plus âgés : ce qui est la justice même. Quant aux différences qui devraient résulter de la nature des professions et du lieu de résidence, on s'en est rendu indépendant, par suite de ce que les ouvriers des métiers insalubres forment des Sociétés entre eux et que les membres d'une même Société habitent généralement la même contrée.

En France, on a également constaté un accroissement du nombre annuel des jours de maladie en raison de l'accroissement de l'âge, mais dans la pratique on n'en a qu'à peine tenu compte. L'usage anglais, tout rationnel qu'il est, n'a pas prévalu et n'est pas entré dans nos mœurs; aussi y a-t-il eu énormément de mécomptes, et probablement même verrait-on beaucoup de Sociétés formées depuis 1852 qui seraient forcées de se liquider ou qui s'amoindriraient d'une manière continue sans les subventions de l'État et les membres honoraires. Sous l'influence cependant d'une Commission spéciale, créée par le Prince Président, et qu'il a présidée lui-même jusqu'à sa promotion au grade d'Empereur, on a posé, d'après l'exemple de la grande et belle Société de Metz, quelques limites, notamment celles d'un âge (celui de quarante ou de cinquante ans) passé lequel on n'est plus reçu dans les Sociétés de secours mutuels qu'à titre de membre honoraire.

On réduit aussi les secours et même on les supprime tout à fait après un certain nombre de jours de maladie ; cette dernière mesure est douloureuse, puisqu'elle supprime le secours lorsqu'il devient le plus nécessaire ; mais elle est indispensable !

L'infériorité de ce système en présence du système anglais n'est pas douteuse. Les jeunes gens qui entrent à dix-huit ans y sont positivement lésés au profit des hommes mûrs qui entrent dans la Société aux approches de la limite d'âge.

La justice mathématique est donc écartée. Faut-il en accuser notre ignorance d'une loi naturelle que l'expérience a maintes fois confirmée ? Certainement, elle y est pour une forte part ; mais on ne saurait méconnaître, lorsqu'on a pratiqué les Sociétés de secours mutuels, que les membres ont obéi à un *Sentiment de Fraternité bien prononcé.*

Nous tenons à constater cette nuance de caractère propre aux Sociétés françaises, tout en faisant nos réserves pour que si l'on s'écarte volontairement des lois naturelles de la maladie et de la mortalité, on maintienne cependant ces écarts entre des limites que la science peut aisément poser.

XV

La formation des Sociétés de secours mutuels en Angleterre, où ce sont de véritables Sociétés d'Assurance au petit pied, a été souvent déterminée par un esprit de Spéculation dont la Loi a eu à réprimer quelques écarts, mais qui a provoqué une développement considérable.

En France, où les résultats ont été bien moindres, la Spéculation n'y a joué aucun rôle. Les deux mobiles ont été : 1° le sentiment de la Corporation; 2° le fait de la proximité de Domicile. — Dans le premier cas, les membres se groupent soit parce qu'ils appartiennent au même métier ou à des métiers qui ont des rapports entre eux. soit parce qu'ils se rattachent à un sentiment commun de dévotion pour tel ou tel saint, ou pour telle ou telle vertu. — Dans l'autre cas, l'association n'a d'autre lien que celui d'appartenir au même quartier d'une grande ville ou à la même paroisse, ou à la même commune.

Il nous semble qu'un autre mobile, la *Parenté*, serait éminemment propre à déterminer la formation d'un nombre indéfini et considérable de Sociétés de secours mutuels qui pourraient prendre, par exemple, le titre de *Sociétés mutuelles familiales* ou *Sociétés amicales de familles*, et qui élargiraient leur mission de manière à implanter dans les Familles partielles un *centre d'attraction* autour duquel fonctionnerait une certaine Organisation *libre*, laquelle varierait en raison du Rang, de la Fortune et du Caractère des Familles partielles engagées dans l'association.

XVI

Il est évident que les Sociétés de secours mutuels ont été imaginées d'abord par des ouvriers, par des cultivateurs, par des artisans, n'ayant pas de ressources en dehors de leur salaire quotidien, pas d'épargnes dans leur armoire, et comprenant que, pour conjurer les funestes effets d'une maladie qui les empêcherait de travailler et de gagner leur vie, il fallait former *entre eux tous*, au moyen de petites cotisations mensuelles, un fonds commun applicable au malheur dont *quelques-uns* seulement seraient frappés.

Mais lorsqu'ils eurent apprécié les avantages de la Prévoyance, ils se fortifièrent dans cette vertu ; ils cherchèrent à en étendre les bienfaits ; ils élevèrent un peu le chiffre de leurs cotisations pour subvenir aux frais d'un enterrement décent pour les associés. Dans un grand nombre de Sociétés, on put allouer un secours temporaire à la veuve et aux orphelins du décédé; dans quelques-unes même, on se hasarda à promettre une pension aux infirmes et aux vieillards; enfin, mais dans un très petit nombre, on eut la charitable présomption de pouvoir secourir les sociétaires en chômage de travail.

Ces dernières exagérations conduisirent à des déceptions prévues par les calculateurs et par les économistes : on avait dépassé les limites de la puissance du salaire *moyen* pour le travailleur *moyen*. Celui-ci, lorsqu'il est dans une profession *moyenne*, d'une force, d'une adresse et d'une intelligence *moyennes*, n'a pu encore être assez payé dans l'état actuel de la société pour pourvoir *à la fois* aux besoins stricts de son existence journalière, aux dépenses imprévues des maladies qui entraînent pertes de salaire, aux frais d'enterrement, à la pension de retraite lorsque le travail est devenu impossible; enfin et surtout aux chômages, lorsque l'industrie qui le nourrit habituellement est victime d'une crise.

Cependant, ces tentatives, poursuivies avec courage dans l'espoir, dans la pensée d'obtenir des avantages plus considérables par l'extension du principe de la *mutualité,* indiquent la voie dans laquelle il convient de s'engager. Nous sommes convaincu qu'on y réussirait par la formation des Sociétés mutuelles familiales (ou Sociétés amicales de Famille) que nous venons d'indiquer dans le précédent paragraphe.

XVII

Les Sociétés amicales de Famille seront fondées sur un sentiment naturel, qui a dans le cœur humain des racines profondes et persistantes, mais qui est moins ardent que la Fraternité politique et moins immédiat que le Compagnonnage du métier ou la Camaraderie d'atelier. Aussi, par ce motif seul (sans compter les autres), n'est-ce pas dans le Peuple qu'elles nous paraissent devoir commencer ; nous pensons qu'elles ne prendront d'extension que par l'initiative et l'accession des classes bourgeoises ; car celles-ci sont déjà pourvues par elles-mêmes de capitaux, d'instruction, de relations d'une certaine puissance, de ressources de diverses natures ; elles pourront étudier et aborder, en connaissance de cause, la réalisation des programmes et projets qui ont échoué dans les Sociétés purement ouvrières. De cette manière elles prépareront au moins aux membres de celles-ci un meilleur avenir. Le mobile de la Parenté et de la conservation des Liens de Famille fera naître dans la Pratique une foule d'idées, d'efforts, d'expériences, d'heureuses combinaisons, dont profiteront les Sociétés formées. soit par l'esprit de Corporation. soit par les relations de Voisinage.

Nous pensons même que, par la suite des temps, les Sociétés amicales de Famille ne seront pas dédaignées par les Classes aristocratiques de Naissance et de Fortune. bien que ces classes soient à peu près en possession de cet esprit de Famille qui s'appuie sur la caste. et de tous ces avantages ou priviléges de fait dont jouissent les grandes fortunes. les hautes fonctions. les noms titrés. Qui sait si, par cette institution démocratique, les Aristocraties ne trouveront pas à la fois et les éléments de leur conservation dans une certaine mesure et ceux d'un recrutement vivifiant par l'incorporation d'Amis notables au groupe familial, et enfin les éléments d'une popularité légitime par un Protectorat assuré en faveur de simples Travailleurs admis dans la Société familiale en récompense de longs services honnêtes et dévoués : ce sera une nouvelle forme de l'ancienne Patriarchie. Du reste, les Sociétés amicales de Famille étant également réalisables dans tous les rangs de la société, ce que nous venons de mettre en saillie pour les classes aristocratiques ou riches est également aussi applicable aux classes bourgeoises et aux classes ouvrières, *sauf les proportions.*

XVIII

Notre appel aux Vieillards devient ici plus direct et s'accentue.

C'est à eux, en effet, qu'il appartiendrait plus particulièrement de provoquer la formation des Sociétés familiales de secours mutuels, en réclamant le concours de quelques jeunes Parents actifs, et en aidant cette formation non seulement de l'expérience et de la considération qu'ils ont pu acquérir, mais aussi des subventions que peut permettre leur position de fortune. A cette époque de la vie, le besoin moins vif des Plaisirs permet des Privations, et un but moral les sollicite. Consacrer à la Conservation et à la Perpétuité de la Famille les sommes que l'on pourrait employer à des distractions souvent dangereuses, c'est, pour un Vieillard, faire doublement acte de sagesse : c'est se préparer les plus pures jouissances de l'âme, c'est s'assurer un souvenir reconnaissant dans les Traditions de la Famille.

Développer la caisse de la Société amicale de sa parenté et ses ramifications nombreuses, ce sera désormais pour les Parents âgés, dans tous les rangs sociaux, un but religieux et une source de Bonheur.

XIX

Pour former des Sociétés familiales de secours mutuels, les lois et les règlements sont tout faits : le mécanisme administratif est tout tracé, tout éprouvé.

Rien ne peut empêcher les membres d'une Famille nombreuse, ou une partie de ceux de plusieurs familles alliées de se réunir en Société amicale d'après les dispositions générales statutaires en usage, et d'acquérir tout aussitôt, par l'approbation des statuts, la qualité de *Personne civile* pour la Société qu'ils formeront.

Les statuts s'amélioreront successivement. De temps à autre aussi la pratique et l'expérience provoqueront des modifications aux Lois qui régissent la matière, pour les remonter au niveau des Buts nouveaux et plus étendus que les Sociétés familiales pourront se proposer.

En quelques mois, sur tous les points de la France, de nombreuses Sociétés amicales de Famille peuvent s'organiser et fonctionner. Il n'y a rien à inventer. Il n'y a rien à légiférer. Il n'y a qu'à VOULOIR !

Les divers membres de la Parenté ou des Parentés alliées auront ainsi fortifié le lien naturel qui les unit, l'auront remis en vue et en utilité, l'auront revivifié, non tel qu'il était dans les temps antiques de la Patriarchie, mais tel qu'il puisse se rattacher aisément, sans rien entraver, aux exigences de la Civilisation moderne. Les Parents pourront ainsi, sans qu'aucune Famille soit contrariée dans ses habitudes d'existence, se prêter réciproquement appui dans les circonstances difficiles de la Vie domestique, de la Vie d'affaires et même de la Vie nationale, comme nous le verrons dans le chapitre suivant.

XX

Mais, diront quelques personnes, en quoi sommes-nous intéressées à ces Sociétés amicales de secours mutuels entre Parents ? L'ensemble de notre Famille ne renferme que des commerçants notables, des propriétaires fonciers, des rentiers, des magistrats, des avocats, des notaires, des avoués, des fonctionnaires....., et chacun de nous pourvoit aisément aux dépenses de maladie de sa famille particulière, à l'instruction de ses enfants, aux dots de ses filles, à l'établissement de ses fils, aux réserves pour la vieillesse, aux frais de funérailles ! Que signifierait chez nous une caisse mesquine formée lentement par des cotisations qui devront nécessairement être modiques pour être à la portée des moins fortunés ? Aucun de nous ne s'associerait dans l'intention de recourir au fonds commun. Il résulterait donc, pour nous, de tout cet échafaudage qu'il faudrait cependant soutenir, des tracas, des dérangements, des correspondances, des réunions sans utilité. Peut-être même risquerions-nous de semer des germes de jalousie et des motifs de discussion à l'occasion des postes de président, secrétaire, trésorier, membre du bureau central, car, dans les Familles de notre catégorie, les amours-propres sont excessifs.

Il est vrai, en effet, qu'une famille si bien assise n'aurait pas matériellement besoin de la caisse sociale..... en ce moment. Aussi ne sera-t-elle probablement pas la première à s'organiser en vue de besoins pécuniaires. Mais, au point de vue moral, n'aurait-elle donc rien à gagner dans un accroissement de relations entre Parents, dans un Centre de famille organisé, dans un Dépôt de traditions, dans une représentation visible et tangible de l'esprit de Parenté ?

Quoi qu'il en soit, nous n'avons qu'à attendre. Lorsque les Sociétés amicales de Famille auront donné leur mesure et auront mis en lumière quelques témoignages de leur vitalité, nous ne doutons pas que l'ensemble des familles partielles les mieux posées ne s'empressent de s'unir en Société amicale.

Combien d'ailleurs existe-t-il de familles dans une aussi normale et aussi complète situation ? Combien en est-il qui puissent montrer une indifférence aussi paisible?

XXI

Il est très rare, au contraire, de rencontrer une famille nombreuse dans laquelle on ne puisse, quel qu'en soit le rang, constater de notables différences de fortunes et de positions. Les années apportent d'ailleurs des changements souvent considérables dans les conditions pécuniaires. Tel père de famille, riche d'héritage, se trouve, avant l'expiration d'un quart de siècle, chargé de cinq ou six enfants qu'il a fallu élever ou qu'il faut doter ou établir, tandis que chacun de ses frères n'a que peu d'enfants ou n'en a pas un seul. Les fortunes de ces enfants, qui sont cousins germains, seront très différentes les unes des autres; et, dès la seconde génération peut-être, à coup sûr dès la troisième ou la quatrième, il y aura des membres de ces familles qui se seront perdus de vue et n'auront aucunes relations entre eux. Les uns feront partie de classes sociales relativement élevées, les autres vivront dans les moyennes et quelques-uns végéteront dans les humbles. Si les grands Parents de la première génération avaient formé une Société familiale, les différences entre les arrière-petits-enfants seraient beaucoup moindres; les plus fortunés seraient peut-être encore mieux posés qu'ils ne le sont, par suite de l'autorité au moins morale que donne l'attache à un nombreux Groupe familial bien uni, et les derniers ne seraient pas si bas, par suite de la protection du même Groupe familial. La Prévoyance générale de l'association aurait soutenu les Parents malheureux dans les déchéances ou dans les accidents, et leur aurait ainsi facilité des retours de fortune ; elle aurait encouragé et aidé les Familles partielles gênées à amasser quelques dots pour marier les filles, pour ouvrir de meilleures carrières aux jeunes garçons ; elle serait intervenue pour arranger des mariages réparateurs.

Il est certain que l'esprit d'Épargne et de Prévoyance pénétrant de plus en plus, ainsi que les habitudes d'Ordre et de Conduite régulière, dans la masse de la Famille, les Liens se seraient resserrés, la puissance et l'utilité de l'association se seraient manifestées avec plus d'évidence, et la Caisse sociale se serait enrichie de Donations et de Legs, offerts surtout par les Vieillards à la fin de leurs jours et dans leurs testaments.

XXII

Insistons sur cet immense avantage matériel (qui complète et appuie les avantages moraux), de posséder, au milieu d'une association de Parents, un *fonds commun* pour venir en aide aux membres qu'un concours de funestes circonstances pourrait, sans cet appui, blesser à mort.

Il suffit souvent d'un faible soutien, d'un bon conseil offert à temps pour sauver de l'abîme !

De même que, dans les montagnes, on voit parfois un simple buisson recevoir et retenir le voyageur glissant vers le précipice ; de même ceux qui ont pu saisir la main d'un Parent, d'un Ami, dans quelques défilés dangereux de la vie, franchissent le mauvais pas. Ils savent, au fond de leur âme, quel danger souvent immense ils ont évité. Contemplant leur situation à la suite de ces crises, ils mesurent avec effroi et reconnaissance la grande distance qui sépare ce qu'ils sont de ce qu'ils auraient pu être, et admirent comment une minime force, arrivée à la *minute suprême* pour l'œuvre du salut, peut produire de si grands et de si durables effets.

XXIII

L'administration du fonds social ne sera, bien entendu, confiée qu'à un Conseil élu par la généralité des membres, aux termes des statuts. L'emploi des fonds sera également réglé selon les dispositions de prudence prescrites par les statuts : il ne risquera point d'être appliqué à faux, ni de demeurer inefficace. Les Vieillards, les Pères et

Mères de Famille n'écouteront les sollicitations des affligés et n'obéiront aux impulsions de leur cœur qu'armés de leur expérience de la vie.

XXIV

L'influence morale d'une Société familiale de secours mutuels ne sera pas moins efficace que l'influence pécuniaire sur les divers membres de la Parenté et de l'Association. L'honneur des Noms s'y ravivera. Les têtes ardentes hésiteront et se contraindront souvent au moment de s'abandonner à des écarts dont le Retentissement trouverait de nombreux Échos. Les membres les plus fous et les plus enclins aux mauvaises passions ne pourront s'empêcher d'avoir l'œil sur cette association de Parents, d'Alliés et d'Amis adoptés, en laquelle résidera une force active et une puissance solide. Ils jugeront qu'il est imprudent de s'aliéner une masse aussi importante de Personnes avec lesquelles il subsistera toujours quelques attaches; ils sentiront qu'il est sage autant qu'utile de jouir d'une bonne renommée parmi les siens, au milieu d'une Famille ayant crédit. Les Dissipateurs de patrimoine les plus entraînés éprouveront quelque honte à étaler leurs folies sous les yeux de tant de Censeurs. Les interdictions contre certains pères de famille, qui aujourd'hui agissent au Vu et au Su de tout le monde, de manière à mettre leur Femme et leurs Enfants sur la paille, sont rarement demandées, à cause de la timidité et de la faiblesse de ceux qui ont qualité à cet égard. Eh bien ! on ne craindrait plus de provoquer cette salutaire mesure, si l'on avait l'appui d'un Conseil d'Administration formé de grands Parents respectés et bien relationnés. Dans un Conseil, la Responsabilité d'un acte énergique se partage, et le poids d'une décision nécessaire, mais pénible, pouvant attirer des haines et des vengeances futures, ne repose plus sur la tête d'un seul.

XXV

Est-il besoin d'expliquer encore comment, dans les Sociétés familiales de secours mutuels, les Vieillards auront à chaque instant occasion de se rendre utiles matériellement, intellectuellement et moralement? Ils ont généralement plus de temps disponible que les hommes de la génération qui les suit, car plusieurs vivent de leurs épargnes ou de leurs pensions : quelques-uns sont riches ou à leur aise. A eux de s'occuper de la tenue des écritures, de la mise à jour des registres, de la correspondance avec les membres absents ou éloignés, des recherches et des démarches officieuses, etc., etc. Tous ces détails administratifs rentreront avec d'autant plus de convenance dans leurs attributions que ces soins sont généralement gratuits.

XXVI

Nous avons déjà fait pressentir que, par une extension naturelle de leurs attributions et sans altérer le moins du monde leur caractère administratif et légal, les Sociétés familiales de secours mutuels tendront à devenir un centre durable pour les Parents et Alliés. N'étant point sujettes aux accidents qui modifient les existences individuelles et les familles partielles : revers de fortunes, destitutions, changements de carrière, déplacements, etc., la Société familiale de secours mutuels deviendra par la suite la gardienne commune de tout ce qui peut intéresser les familles associées.

Elle conservera un État-Civil complet et détaillé pour chacun des membres et les cahiers de généalogie devenus indispensables par le but même de la Société. Elle pourra faciliter l'acquisition des tombeaux de famille ; elle aura des archives où chacun pourra déposer des papiers importants ; elle entretiendra, ne fût-ce que pour les affaires de la Société, une correspondance avec les branches des parents expatriés, et cette correspondance d'affaires amènera la correspondance d'affection. Elle recueillera, selon les désirs des Parents, les observations médicales concernant le tempérament et la santé des membres, de manière à éclairer l'art médical dans les maladies des Descendants. Elle pourra être un centre de détails historiques et de renseignements dans l'intérêt des membres commerçants, établis en des localités différentes. Elle pourra conserver des collections utiles, recevoir des dépôts de manuscrits, des collections de livres, des cahiers de notes de voyages, de recherches et d'observations provenant de quelques-uns des membres, et ne méritant pas les frais et les honneurs de l'impression, bien que pouvant avoir de l'utilité, par la suite, pour d'autres Parents. Elle pourra souvent contribuer à l'instruction des membres d'une foule de manières qu'il serait trop long de détailler ici. — De même pour l'apprentissage des jeunes gens.

Les Parents âgés, les Vieillards ne manqueront donc pas d'occasions dans lesquelles ils pourront prendre une part efficace aux dispositions qui viennent d'être indiquées, et qui seront d'un grand intérêt pour l'avenir des plus jeunes membres de la Famille élargie.

XXVII

Nous avons dit, dans notre premier chapitre, que le Devoir des Vieillards envers eux-mêmes est d'employer toutes les puissances de leur Volonté, de leur Énergie et de leur Raison à se rendre meilleurs. Certes, en agissant ainsi, les Vieillards ramèneraient à eux le respect et la déférence qu'on ne leur refusait point dans les fortes organisations de la Famille et de la société dans le Passé.

A plus forte raison obtiendront-ils ces hommages, lorsqu'ils joueront dans les Sociétés familiales de secours mutuels le rôle qu'il leur sera si facile de prendre. Et, par contre-coup, les nouveaux mobiles d'amour-propre, de dignité et d'utilité, qui résulteront de leur rôle dans les Sociétés familiales, les réconforteront dans leurs bonnes dispositions et les pousseront, avec une nouvelle force, à améliorer leur Ame, leur Esprit et leur Corps. Quant aux Sociétés, elles profiteront largement de la présence et du concours habituel de ces Personnes âgées des deux Sexes, à existence austère, à mœurs pures, rigides, observateurs des convenances, exerçant une influence efficace par leurs actes de bienfaisance, par leurs démarches protectrices et par leurs conseils.

XXVIII

Entrons dans un autre ordre de considérations.

Tout le monde sait que les Sociétés de secours mutuels acquièrent la qualité de *Personne civile*, moyennant certaines formalités prescrites par les lois.

Or, une *Personne civile*, existant en vertu d'une fiction qui lui donne certains attributs de la Vie, vaut *moins* et *plus* qu'un homme *isolé* jouissant de toutes ses facultés et de tous ses droits : *moins*, parce qu'elle ne pourrait être organisée et qualifiée pour exécuter la *totalité* des actes qu'un homme *isolé* peut accomplir : *mieux*, parce qu'elle possède, par contre, plus de puissance qu'un homme *isolé* pour accomplir certains actes *particuliers* et *définis*. Telle une Locomotive, lorsqu'elle est placée sur des rails, jouit d'une force et d'une vitesse de traction qu'aucun groupe d'hommes et de chevaux ne pourrait reproduire directement, et tombe dans l'immobilité et l'inertie, dès qu'elle est déviée de quelques centimètres seulement en dehors de la voie rigoureuse et droite qui lui a été tracée! Au contraire, la charrette avec ses chevaux peut marcher dans tous les sens!

XXIX

Parmi les puissances dont la Société de secours mutuels est spécialement douée, comparativement à l'homme *isolé,* il faut compter la persistance dans l'Épargne.

L'Épargne, soit en prévoyance de l'imprévu, soit en prévoyance des époques éloignées de l'impuissante vieillesse ou en vue des héritiers, est une vertu, dans toutes les positions sociales et dans tous les états de fortune.

A moins qu'il ne soit dans la très minime portion de l'humanité qui regorge de richesses, Celui qui consomme l'intégralité de son revenu ou de ses gains s'expose à un danger réel, dans le cas d'un événement imprévu ; ce cas peut être pour lui une cause *inéluctable* de misère, et personne ne le nie ; mais il est difficile d'épargner lorsqu'on n'a que le *nécessaire !* Quel empire continu ne faut-il pas avoir sur soi-même pour s'imposer *journellement* des privations pénibles, afin de mettre en réserve les *centimes* destinés aux cas de maladies et d'accidents !

Cependant, si le travailleur a été engagé par un bon mouvement de prévoyance ou par un entraînement de camaraderie dans une Société de secours mutuels, il a un appui pour se maintenir dans les Devoirs austères de l'Épargne. Ce grand œil de la Société et des associés toujours ouvert sur lui, cette visite redoutée du collecteur hebdomadaire ou cette procession mensuelle des membres cotisants vers le bureau du trésorier, font sur le sociétaire qui serait peu disposé plus d'effet que la poursuite d'un huissier. Le concours temporaire d'un ami, l'encouragement d'un autre, un coup de coude d'un camarade, le décident à verser sa quote-part : il l'apporte. Au prochain versement, ce sera lui, au contraire, qui aidera et poussera le retardataire oublieux. C'est ainsi que l'un poussant l'autre, *chacun* y mettant son courage le jour où il en est plein et se laissant remorquer le jour de la défaillance, *tous* remplissent finalement leurs engagements, et accroissent le fonds social d'une manière continue. Bientôt l'intérêt personnel entre en jeu. Le capital social s'arrondit et devient respectable. Chacun sait qu'il en a une part, et personne ne veut plus lâcher pied, crainte de perdre ses droits acquis. Cette dernière considération active et maintient la Prévoyance, pour laquelle on voit que le Temps combat avec des forces croissantes : chaque nouveau versement assurant mieux ceux qui le doivent suivre.

C'est dans la solidification de la Société, dès l'origine, que les Vieillards peuvent puissamment agir sur la persévérance des jeunes membres, en les aidant au besoin personnellement, et en assurant, au moyen de dons et de legs, l'importance attractive du Fonds social.

XXX

Une autre faculté précieuse des Sociétés de secours mutuels est celle d'accumuler *patiemment* de petites forces qui se dissiperaient à peu près sans profit, et de former un Capital qui devient peu à peu considérable, par la continuité de ces petits dépôts, dont chacun est le résultat d'un réel sacrifice.

Mais ce n'est pas seulement par l'œuvre continue de l'accumulation des centimes et des gros sous que l'*Être collectif* en Société, ou la *Personne civile,* rend service aux Individus qui le composent, c'est aussi en leur ôtant la Disponibilité de l'argent déposé, en donnant à cet argent un caractère social qui le soustrait légalement aux tentations, aux mauvaises affaires, et qui le réserve exclusivement aux besoins éventuels en vue desquels il a été constitué. L'*Individu* n'est plus maître de son épargne, qui est devenue le Patrimoine de *Tous,* et dont il ne profitera que dans des circonstances déterminées ; mais, *en compensation,* si ces circonstances se présentent, il profitera également des épargnes de ses voisins ou camarades.

Sur cent personnes qui fondent une Société, peut-être n'en trouverait-on pas dix qui, livrées à elles-mêmes, fussent capables de composer et de conserver une somme égale à la quote-part du capital social qui correspondra à leurs versements. Et pour ces dix, combien n'auraient su ni faire valoir sûrement leur épargne, ni la défendre contre eux-mêmes aux heures de la passion, s'ils s'en fussent constitués les gardiens. Autre point : si une épuisante et longue maladie s'abat sur un

Ouvrier non associé, AVANT que son épargne personnelle ait pu être constituée, comment pourra-t-il résister à la ruine et à la misère dans l'état d'isolement où il se trouve? Au contraire, les premiers malades des Sociétés de secours mutuels, qui n'ont encore versé qu'une somme insignifiante, ont l'avantage de profiter des premiers versements de tous les autres membres. — Certes, la *Personne civile* de la Société de secours mutuels montre bien que, dans l'accomplissement du but pour lequel elle est organisée, elle est plus forte que la somme des individus qui la composent.

XXXI

On pourrait encore montrer, en d'autres circonstances, la supériorité qu'une Société faite *personne civile* par la loi a sur les membres isolés; mais cela se comprend sans peine, et nous insisterons plutôt, même au risque de nous répéter, sur un sujet déjà indiqué : le développement futur des Sociétés de secours mutuels.

Ce sont véritablement ces Sociétés qui réalisent le mieux le sens politique et social du mot *Fraternité*. Leurs œuvres s'associent mieux que les œuvres de la *Charité* aux idées de Prévision et de Justice que renferme le mot *Providence*. Elles mettent une bien autre force que la Bienfaisance au service de l'Ordre public, puisqu'elles ne se bornent pas à réparer un Malheur qui survient, mais qu'elles le prévoient, le calculent, s'en occupent longtemps d'avance et lui préparent le remède proportionnellement à son étendue, en sorte qu'elles ne risquent pas, comme la Bienfaisance, d'être prises au dépourvu. En appelant d'avance les réflexions sur le danger, en organisant des sacrifices volontaires pour le Mal probable, elles soumettent les Ames à une Hygiène des plus salutaires, elles enrichissent les imaginations, elles habituent à envisager de sang-froid les mauvaises Chances, elles exercent les hommes à compter sur eux-mêmes pour traverser les jours d'angoisses de la Vie.

A combien d'objets ces Sociétés ne pourraient-elles pas s'appliquer *en dehors* et *en sus* de ceux auxquels elles se bornent aujourd'hui, car il faut bien dire qu'elles ne sortent guère encore du cadre primitif : frais de maladie, dépenses de funérailles, secours à la veuve, espoir d'une petite pension à la vieillesse, le tout pauvrement accordé, et dans des conditions qui peuvent à peine convenir même aux classes ouvrières. Mais en fonctionnant dans d'autres proportions, avec d'autres dispositions et s'appliquant à d'autres objets, les Sociétés de secours mutuels entreraient aisément dans les convenances des Classes plus élevées. N'y a-t-il point partout à pourvoir à des besoins particuliers, aussi intéressants pour les Classes aisées que la maladie pour les Classes pauvres, savoir : l'éducation des enfants, les trousseaux pour entrer aux écoles, les dots pour les filles, les apprentissages et les établissements pour les garçons. L'imprévu n'est-il pas toujours menaçant ? Ici des maux de guerre à soulager, des revers de fortune à adoucir, des orphelins à prendre à charge, des insensés à faire garder, des infirmes à faire soigner, des veuves à soutenir, d'honnêtes filles à défendre ! Ne se trouve-t-on pas sans cesse, dans le cours de la vie, en présence de situations pour lesquelles un homme *isolé* est absolument impuissant ? Et non pas seulement impuissant de sa bourse, mais impuissant de son temps, de ses démarches, de son énergie, de son intelligence et de sa santé? Qu'arrive-t-il alors presque toujours chez les Parents, les Amis, les Connaissances? Hélas ! on s'éloigne petit à petit, on se détourne, on feint de ne pas voir, car chacun craint d'assumer sur *Soi seul* une

Charge et une Responsabilité qu'il ne serait point en état de soutenir *seul*. On ne fuirait pas si l'on se sentait uni à d'autres. Tel donnerait volontiers sa quote-part d'argent : tel contribuerait plus largement de sa bourse, mais refuserait absolument d'avoir le tableau de la misère ou de la maladie sous les yeux : celui-là, s'il était seul, ne s'en occuperait point, mais il consentira, sous l'influence d'un autre parent, à s'inscrire, par vanité ou par respect humain, sur la liste des secours ; celui-ci, par le même motif, consentira à ce que l'on se serve de son crédit et de ses relations ; cet autre s'attellera, au contraire, de sa personne, prendra la direction des secours, centralisera les concours d'argent, de temps, de crédit, etc. : le salut en sortira pour l'affligé. Ainsi les caractères divers et les situations différentes contribuent, chacun à sa manière, dans une association et se complètent l'un par l'autre pour arriver au but social. Une association fertilise et multiplie les sacrifices et les bonnes volontés isolées. Dans une réunion d'individus, les facultés sont diverses, et, tandis que chacune d'elles demeurerait vaine, tandis que même quelques-unes pourraient se mettre en opposition, leur contact mutuel les féconde l'une par l'autre

Chaque membre de l'association, étant mis en relief pour sa qualité propre, s'honore de la considération qu'il en tire et de l'importance qu'il en acquiert, ce qui augmente encore son zèle, ses forces et ses efforts.

XXXII

Je vais poser maintenant dans le présent chapitre un jalon pour le chapitre suivant.

Supposons un réseau général de Sociétés *familiales* de secours mutuels fonctionnant en France dans tous les rangs de la société et en vue des buts divers et multiples qu'elles sont susceptibles de poursuivre. — Supposons le territoire couvert de cet énorme agrégat d'associations moralisantes, animées à la fois d'esprit de Tradition et d'esprit de Prévoyance, formant un ensemble d'*Unités collectives* que l'on peut appeler des *Unités de second ordre,* par opposition aux Individus pris comme *Unités simples* ou *Unités de premier ordre.*

N'aurait-on pas ainsi la France sous un aspect tout différent de celui que présente la France couverte seulement, comme elle l'est, d'Individus et de Familles partielles, telles que nous les voyons? La Nation serait ainsi sous une forme plus concentrée et plus liée, elle serait en quelque sorte, sous une cristallisation définie. Ne se manifesterait-elle pas comme un être renouvelé, concevant d'autres idées, mu par des passions autres? Telle on voit une substance changer de propriétés lorsque les molécules se groupent différemment entre elles, tel on voit le sombre et friable Charbon devenir un Diamant dur et lumineux.

Consultée en ses *Unités de second ordre,* la France n'émettra certainement ni les mêmes paroles, ni les mêmes désirs que lorsqu'elle est consultée en ses *Unités simples.* Cependant, il y aurait harmonie entre les deux manifestations, puisqu'elles auraient la même provenance. La fougue des aspirations françaises éclatant par les Individus avec un élan spontané, mais moins réfléchi, serait bientôt modérée, tempérée par la manifestation recueillie et plus ferme des Sociétés de secours mutuels. Les mêmes personnes auront parlé, mais dans d'autres conditions, sous des impressions différentes, après des discussions intérieures calmement conduites, après des délibérations motivées, où se seraient fait entendre les voix des hommes expérimentés et habituellement écoutés, des Pères de famille, des Vieillards respectés; plus encore! car dans ces réunions mutuelles et familiales pourraient se faire jour, sans trouble et sans désordre, les sentiments de la Sœur, de l'Épouse, de la Mère vénérée.

XXXIII

Des *Unités de second ordre* existent chez les Peuples voisins, chez ceux mêmes que nous avons le plus à redouter sous tous les rapports. Chez eux, ces Unités collectives sont de deux natures : les Familles aristocratiques et les Organismes communaux.

Les Familles aristocratiques sont demeurées constituées, au point de vue intellectuel et politique, à peu près comme elles l'étaient au siècle dernier. Si elles ont renoncé à quelques priviléges ou si elles les ont perdus, elles ont, d'une part, conservé ou même accru leurs grandes Possessions territoriales et immobilières avec le Prestige du rang et la Substantialité des hautes fonctions, et, d'autre part, elles se sont *éclairées* sur les causes qui ont précipité la chute de la Noblesse Française. Elles en ont fait leur profit. Elles ont considéré comme un Devoir d'étudier et d'acquérir de l'Instruction ; elles se sont initiées aux secrets des Sciences et de la Philosophie pour y prendre des points d'appui ; elles se sont associées aux efforts de l'Industrie pour adjoindre à leurs Propriétés foncières de riches Portefeuilles de valeurs mobilières ; elles se sont assurées de fortes Positions civiles en dehors de la position de leurs castes. Tout cela s'est accompli avec une habileté persévérante. L'esprit de Suite et de Continuité qui règne au sein de ces Familles, la Foi historique qu'elles conservent pour les Traditions, la Déférence et le Respect réel ou calculé qu'elles portent à leurs Chefs, soit chef par le sang, soit chef par les fonctions ; la persistance de leur Dévotion raisonnée envers les Dynasties de leurs Souverains : toutes ces causes de Force, tous ces éléments de Solidarité se ramifient et pénètrent par ces *Unités de second ordre* dans le corps entier de la Nation, y forment un cadre organique d'une puissance immense et la disposent, par l'Éducation surtout, aux plus grands Sacrifices pour atteindre un But commun.

Une influence analogue s'exerce par les Organismes communaux, complément des familles aristocratiques, lesquels fonctionnent actuellement, sous des formes variées, dans l'Europe orientale comme en Asie, et dont on retrouve quelques traces en Occident dans les coutumes propres aux *terrains* que possèdent les communes. Ces Organismes sont caractérisés par la jouissance *en commun* de la forêt, du pacage et du sol cultivable, entre les descendants de quelques anciens Chefs de famille, agglomérés sur un point du pays et placés sous la direction de l'un d'entre eux élu par eux-mêmes. Ce système social, *qui a l'avantage d'être exempt des fléaux du paupérisme*, convient excellemment au Souverain et aux Familles seigneuriales, parce que, au lieu d'avoir affaire aux Individus pour les charges publiques, il leur suffit de s'adresser au Chef de famille élu, qui, étant responsable de la Communauté, joue le rôle de Magistrat civil et politique. Les Aristocraties qui n'ont pas fait ces Organismes, mais qui les ont trouvés, qui, peut-être, en sont pour la plupart issues à l'origine, s'en servent habilement et ajoutent ainsi à leurs propres forces des forces de même nature. Celles-ci tendent, il est vrai, vers une dissolution inévitable et, dès ce moment, apparente ; mais en attendant elles n'en sont pas moins homogènes, compactes, *obéissantes* surtout, et facilement excitables contre nous par des préjugés politiques et religieux que sèment et cultivent les instituteurs et les publicistes selon la volonté des maîtres, au moyen d'une instruction obligatoire et d'une presse dévouée.

XXXIV

En résumé : en présence de l'impossibilité radicale et absolue de restaurer l'ancien Régime en France, nous ne voyons que dans la Généralisation des Sociétés Familiales, que nous venons d'indiquer en ce chapitre, la possibilité de créer pour notre Nation un cadre organique d'*Unités de second ordre,* ayant, d'une part, quelque analogie avec celui des Aristocraties voisines et, d'autre part, jouant en partie le rôle des Organismes communaux, qui forment une partie essentielle de la constitution politique des peuples de l'Europe orientale. — Ce cadre posséderait des Virtualités correspondant aux Virtualités des Aristocraties et des Organismes communaux, quant aux effets sur l'Ordre social ; il conserverait toutefois le *Caractère démocratique,* SEUL acceptable chez nous ; il fortifierait ce caractère et le rendrait indestructible en l'associant à l'Ordre Présent, aux Traditions du Passé, aux Garanties de l'Avenir.

Ces considérations nous mènent au chapitre

suivant, qui va traiter de la Nation ; mais, en terminant ce chapitre de la Famille, nous demandons à nos lecteurs de ne point perdre de vue la grande part d'activité et d'influence que les Vieillards pourront prendre, au profit de la jeunesse, dans la création, dans l'organisation, dans la marche et dans le développement des Sociétés familiales de secours mutuels destinées à rétablir et à fortifier les Liens de Famille entre des Parents, des Alliés, des Adoptés, des Amis et même des Clients.

CHAPITRE TROISIÈME

LA NATION

I

En France, les Dynasties et les Républiques se sont succédé depuis près d'un siècle sans pouvoir s'enraciner. D'un côté, les Bourbons, les Napoléon, les Orléans, ont tous été violemment rejetés hors de France [1]; de l'autre, la République a péri deux fois avant d'avoir donné à la Nation le temps de se remettre de la secousse, avant de lui avoir permis de goûter un peu de tranquillité.

La seule base solide du Pouvoir semble être aujourd'hui le principe du suffrage universel, et

[1] Il ne faut pas oublier que ceci était écrit en 1870. (Note de l'éditeur.)

cependant l'édifice que ce principe paraissait soutenir s'est déjà écroulé deux fois : sous la République et sous le deuxième Empire !

La forme définitive de l'organisation politique de la France est donc encore loin d'être fixée, et encore plus loin d'être consentie par la généralité des Français.

II

L'*Aristocratie de naissance* n'a chez nous qu'une valeur de courtoisie. Si elle est prise en considération dans le monde, elle n'est comptée pour rien dans les votes. — L'*Aristocratie des richesses* est battue en brèche par des considérations spécieuses contre lesquelles elle a besoin de lutter avec une constance qui ne faiblisse pas et une surveillance qui ne s'endorme jamais.

Aucune des deux, d'ailleurs, ne s'est conduite de manière à capter l'intime sympathie des Masses. Pourquoi ? La faute vient-elle des Aristocraties ou des Masses ? Nous ne le discuterons pas, nous constatons simplement le fait.

L'*Aristocratie de la science* est sans crédit social en France, surtout depuis que nos savants ont perdu la suprématie qu'ils avaient conquise en

Europe à la fin du dernier siècle et dans les premières années de celui-ci. — Il en est presque de même de l'*Aristocratie philosophique*. Quant à l'*Aristocratie artistique* et *littéraire*, on peut soutenir que son influence n'est pas toujours saine, et nier qu'elle ait un but défini autre que celui de l'ambition personnelle.

L'*Aristocratie militaire* montre une impuissance inattendue et semble devoir être dépouillée pour longtemps de son prestige séculaire.

L'*Aristocratie religieuse*, oublieuse de Bossuet, ayant passé franchement de l'état gallican et national à l'état ultramontain, on la voit s'arcbouter contre les tendances du pays lorsqu'il serait de son intérêt d'entrer dans le courant des progrès humanitaires pour tenter de concourir à les diriger.

En un mot, toutes les supériorités qui, harmonieusement unies, constituent la meilleure partie de l'Ame d'une Nation, semblent endormies ou malades, ou inférieures, ou étrangères, ou hostiles, et n'ont entre elles aucun lien.

Où donc trouver un crampon fixe et solide auquel la Nation se puisse prendre pour cesser de flotter au gré des passions et au caprice des événements, pour qu'elle se puisse assurer une Évolution de paix, de calme et de repos ?

III

Dans les deux chapitres précédents nous avons présenté longuement deux éléments de Régénération et de Fixité : avant tout, l'Amélioration de l'Individu par lui-même, conseillée et sanctionnée par le sentiment de l'Immortalité et de la Responsabilité de l'être individuel ; puis l'Amélioration des conditions de la Famille fondée et développée par des Sociétés familiales de secours mutuels qui élargissent la Parenté et la rattachent aux sentiments, aux idées et aux habitudes de l'époque actuelle, tout en respectant les Traditions.

Nous allons essayer de prouver, dans ce troisième chapitre, que l'Amélioration du Suffrage universel, fondée sur l'extension et le développement de ce principe, doit fournir un troisième élément de Régénération.

IV

Le Suffrage universel, comme tout nouveau-né, a les défauts et les imperfections de sa *jeunesse*.

— Il manque non seulement de l'Instruction historique, économique et administrative, mais encore de l'Instruction élémentaire. Il est loin de savoir complètement lire, écrire et chiffrer. — Il ne donne aucune garantie de responsabilité et peut, d'une année à l'autre, casser ses arrêts, sans craindre qu'aucun reproche l'atteigne, sans redouter qu'aucune Forme individuelle ou collective existant en lui puisse subir correction ou expiation. — Il est anonyme. Or, un Pouvoir est-il légitime, digne et courageux, lorsqu'il est Anonyme et qu'il n'offre, pour la sanction de ses votes et de ses actes, aucun élément de Responsabilité, lorsqu'il s'efforce, au contraire, d'y échapper, oubliant que la Responsabilité est le caractère qui distingue l'être raisonnable de la brute.

Le Suffrage universel ne représente même pas, aujourd'hui, l'Universalité des sentiments et des intérêts sociaux ou particuliers, car ses votes n'ont pas atteint en nombre le quart de la population, et rien n'indique, dans ses décisions, la plus minime participation de l'*élément Féminin*, sous une ombre de Forme quelconque, dans une Proportion quelconque.

Enfin, en pénétrant tant soit peu sur le terrain

de l'ontologie, on doit se demander s'il convient qu'une nation, être *collectif, unitaire* et *organisé,* soit UNIQUEMENT et complètement conduite par une multitude *amorphe* et *morcelée,* composée d'Individus inégaux, juxtaposés, sans aucuns liens entre eux et agissant chacun comme une simple unité, quelle que soit la différence de la valeur personnelle ?

Examinons donc si l'on ne pourrait tenter quelque adoucissement aux défauts que nous signalons. Convaincu que la Nation portera bientôt son attention sur ce sujet, nous nous estimerions bien heureux si nous pouvions seulement fournir quelques indications utiles.

V

Et d'abord, quant à l'*Instruction proprement dite,* il est évident que l'État, tout en s'occupant de développer l'instruction secondaire et supérieure, n'a pas de plus pressant devoir que de compléter avant tout les moyens d'Instruction primaire, dans lesquels on remarque encore tant de lacunes. Tous ceux qui sont appelés par leurs Votes à contribuer au Gouvernement de la France doivent au moins être en état de lire eux-mêmes les documents contradictoires destinés à les éclairer sur les qualités et sur la conduite de leurs candidats ; et s'il survient quelques bonnes réflexions dans leur esprit, ils doivent pouvoir les fixer par l'écriture, afin de les transmettre à leurs concitoyens.

Mais qui ne sait combien cette instruction primaire des écoles, où l'on est obligé de s'en tenir presque exclusivement à des procédés matériels, est insuffisante pour former des citoyens (1) ? Qu'il y a loin de ce simple Enseignement de lecture, d'écriture et de calcul à l'Enseignement Civil, Économique, Administratif et Politique dont le Suffrage universel a un besoin si impérieux et si urgent !

Dans une voie aussi essentielle, que pourrait maintenant l'État ? Quel résultat appréciable obtiendrait-il, lorsque, pour l'Instruction primaire elle-même, si restreinte, il ne possède pas les moyens suffisants? Que pourrait-il faire surtout pour les Adultes? Car le temps presse ! Les Enfants d'au-

(1) Nous ne voulons pas parler de l'Instruction professionnelle, qui n'a pas de liens étroits avec le suffrage universel et dont le Gouvernement doit laisser la charge et le profit soit aux spéculations de l'industrie privée, soit à la sollicitude et au zèle des départements et des villes, sauf à provoquer l'initiative des uns et des autres par des encouragements et des exemples.

jourd'hui profiteront sans doute, avant d'arriver à leur premier vote, des dispositions qui seront prises en leur faveur; mais les Adultes, appelés à voter demain et dans les années suivantes, de qui tiendront-ils cette Éducation du Citoyen indispensable pour éclairer les consciences politiques?

VI

La question des dépenses s'élève la première; car il faut des locaux, du matériel d'enseignement, des livres et surtout un *Personnel!*

Avant les événements dont nous sommes si douloureusement les témoins, on avait beau jeu de s'en prendre à la Caisse du ministre de la Guerre. Tout le monde à l'envi la guignait. On la montrait au ministre de l'Instruction publique comme une source facile et abondante roulant des flots inutiles. Ces flots, il suffisait de les détourner vers les Caisses des écoles; aucun dommage n'en résulterait pour la sécurité nationale. C'était alors comme un mot d'ordre : *moins* de Canons, disait-on, et *plus* de Livres; moins d'Artilleurs et *plus* de Professeurs; moins de Chassepots et plus de Crayons! Les journaux lançaient des objurgations contre les dépenses Militaires; ils émettaient des vœux pour qu'on en transformât une partie en dépenses Scolaires. Le néophyte comme le vétéran de la presse périodique commentaient, amplifiaient, ampoulaient ce thème devenu presque banal et que maint député appuyait.

Hélas ! l'Allemagne ne s'est que trop chargée de la réfuter, cette théorie incomplète, et de nous montrer que s'il faut, en effet, augmenter de beaucoup le budget de l'Instruction publique ce qu'elle exécute depuis longtemps, il ne faut pas songer encore à réduire le budget de la Guerre qu'elle a elle-même de plus en plus augmenté.

Lorsque la Paix aura été rétablie fatalement sur une ruine universelle, la France aura donc encore moins de ressources qu'avant la Guerre pour faire justice au ministère de l'Instruction publique. En face d'une immense bonne volonté se dressera probablement une non moins immense impuissance : spectacle douloureux qui ne cessera que lentement ! Mais, nous le répétons, le Temps presse cependant et il faut trouver d'urgence les moyens d'*instruire le Suffrage universel*.

Où chercher ?

VII

Faudra-t-il chercher longtemps?

N'avons-nous pas une indication lumineuse dans la meilleure peut-être des créations du Gouvernement du roi Louis-Philippe, dans le principe qui régit les *Chemins vicinaux?* Une loi de 1836 ordonne que, pour ces voies de communication devenues urgentes, on ait recours aux forces particulières des intéressés eux-mêmes, à ce que l'on pourrait nommer une *Corvée*, mais une Corvée équitable et régularisée sous le nom de *Prestations en nature.*

Ce système de Prestations en nature a réussi au delà de toute espérance.

L'urgence est-elle aujourd'hui moins évidente pour l'Instruction du Suffrage universel qu'elle l'était, en 1836, pour les Chemins vicinaux? L'objectif de cette instruction est-il d'une moindre importance? Aurons-nous moins de courage et de résolution pour nous décider aux Sacrifices et aux Efforts individuels lorsqu'il s'agit de notre Existence politique et nationale que lorsqu'il s'est agi de notre Vicinalité? N'est-il pas essentiel de nous relier les uns aux autres — par la connaissance historique de ce Passé qui fait de nous un Seul Peuple ayant les mêmes sentiments et les mêmes intérêts *moyens;* — par la connaissance de ces Lois qui, exprimant les relations de notre vie civile, nous tracent nos Devoirs et nos Droits réciproques; — par la connaissance des Faits et des Principes économiques qui règlent notre manière de vivre et nous assurent les meilleures conditions possibles pour nous nourrir, nous vêtir, nous loger, nous outiller, nous transporter, produire, consommer, employer le mieux nos forces, notre santé, notre intelligence et nos passions?

VIII

A un point de vue absolu, il n'est pas *une seule personne,* tant soit peu instruite, qui ne puisse, dans une certaine limite, se donner pour mission de faire part de ce qu'elle sait à certaines autres personnes.

L'heure est décisive. C'est un Devoir qu'il faut remplir; chacun le comprendra et chacun comprendra aussi que pour mieux atteindre ce but il faut s'instruire soi-même plus complètement, en assistant à son tour à des enseignements plus élevés et en s'initiant à de nouvelles connaissances. Ce sera une diffusion d'instruction rayonnante, descendante et ascendante, où chacun acquittera ses Prestations de Temps et de Savoir. Tous apprendront de tous; tous enseigneront à tous; chacun sera à la fois étudiant et professeur. Il y a, dans la Nation, à cet égard, une Richesse énorme, encore plus inégalement répartie que l'argent. De notre volonté seule dépend une répartition moins inégale et plus diffuse. D'ailleurs, il n'en est point de cette richesse-là comme de l'autre : *plus on la partage et plus on s'enrichit soi-même,* plus on enrichit la Nation; car le travail accompli pour transmettre à autrui ses connaissances acquises, fortifie la mémoire, assouplit l'intelligence, force à la méditation ainsi qu'à la Méthode, et met les Facultés dans un état d'Entraînement qui rend plus apte à recevoir la transmission d'un enseignement plus élevé. La Nation, ainsi améliorée par les forces individuelles, verra peu à peu le niveau de son Instruction se relever au-dessus de celui des Nations voisines.

IX

Ainsi, de même que dans les campagnes chaque travailleur rural, en fournissant annuellement plusieurs journées de ses bras et de ses attelages, complète et augmente, par cette Prestation en nature, le *Budget des travaux publics*: de même chaque citoyen pourra contribuer à l'élévation indirecte du *Budget de l'Instruction publique*, en offrant durant la semaine quelques heures de son temps disponible, l'abri de sa demeure, les livres de sa bibliothèque, pour enseigner gratuitement ce qu'il sait aux personnes de bonne volonté qui voudront apprendre. Le capital réel employé dans le département de l'Instruction publique pourra devenir, par cette contribution volontaire, plus considérable que celui de tous les autres départements ministériels.

Il importe beaucoup que la Virtualité intellectuelle de la Nation acquierre, dans un bref délai, l'étendue et la profondeur qui lui manquent aujourd'hui. Efforçons-nous de sortir au plus tôt des crises que nous ménagent et les désastres de la Guerre et les erreurs du Suffrage universel ignorant et incomplet. La France n'a pas le temps d'attendre que de nouvelles générations, instruites dans les écoles, aient remplacé les générations actuelles demeurées dans l'ignorance: elle ne possède plus une assez forte dose d'Unité et de Solidarité pour se maintenir au milieu des ouragans européens pendant le temps nécessaire au renouvellement de la population, si elle ne fait *sur elle-même, par elle-même* et sans perdre un moment, une transformation complète, ce qui implique notamment la prompte instruction de la Nation votante ou prête à voter.

Les gens âgés, les Vieillards, ont un rôle plus accentué dans ce travail général d'étude et d'enseignement. Ce rôle ne manquera pas d'importance et d'influence en raison même de l'expérience, des ressources pécuniaires et des loisirs dont disposent les générations plus avancées dans la vie. Il est à prévoir que des conférences sur des questions industrielles, commerciales, agricoles et autres amèneront forcément un enseignement mutuel entre le citoyen *lettré ou économiste* et les *artisans* ou *ouvriers* dont il s'est fait le professeur. Ce professeur, à son tour, apprendra beaucoup en pénétrant dans le milieu vivant où se forment les éléments primordiaux du commerce et de l'industrie.

C'est un point sur lequel l'attention du lecteur doit se fixer avec le plus de complaisance que l'influence bienfaisante, sur les différentes classes de la population française, de ces relations *intimes* et *multipliées* dues à l'enseignement réciproque.

Les rapports civils y puiseront une grande amélioration. Effacer des Préventions, adoucir des Contacts, semer des Germes de sentiments sympathiques au milieu de Passions haineuses ou jalouses, tel sera l'heureux effet de ces espèces de *Prestations en nature* pour l'Instruction et l'Éducation des Adultes. Quand on peut s'expliquer de près et que l'on est de bonne foi de part et d'autre, on voit s'évanouir la plupart des appréciations erronées que chacun pouvait faire de son côté, et dans son isolement, sur les conditions respectives de l'existence sociale des uns et des autres.

Il importe, ici, de faire particulièrement mention des Femmes, dont la Patience et la Persévérance sont si *précieuses pour tout ce qui touche à l'enseignement*. D'abord, elles trouveront au moins dans l'instruction primaire un vaste champ ouvert à leur dévouement, et, de plus, elles sentiront leur personnalité rehaussée par cette intervention dans l'Éducation nationale.

Nous n'insisterons pas plus longtemps sur des considérations qui se présentent tout d'abord à l'esprit et que nos lecteurs auraient eux-mêmes développées.

Je laisse donc à ce point le sujet de la prompte

Éducation du *Suffrage universel* et j'arrive à la *Responsabilité* qui lui manque.

X

Pourrait-on concevoir l'Existence *continue* d'un Etre *actif* sans la *Responsabilité?*

Si la bête fauve, dans le désert où elle est *responsable* de sa propre Existence, ne vague sans cesse de tous côtés en quête de la proie dont elle se nourrit, elle ne tarde pas à périr d'inanition. De même, si les familles Souveraines ne s'occupent sans relâche des intérêts et de l'opinion du Peuple, elles paient leur négligence de l'exil tout au moins. De même aussi la Punition ne tarde pas pour les Nations qui, perdant de vue la Responsabilité de leurs agissements, s'abandonnent sans souci de l'avenir à la jouissance matérielle, à l'extrême licence ou à la basse servitude, aux querelles intestines, etc. Elles n'échappent point aux pertes de provinces, ni parfois au complet démembrement! Pour l'Humanité elle-même, la Responsabilité va bien plus loin encore puisque, d'après une doctrine profonde et subtile, elle est tenue comme coupable jusqu'à la dernière génération, par suite de l'indiscrétion du premier couple humain.

Aussi, la *Responsabilité* est le corollaire, est la condition absolue et nécessaire de la Vie et de la Personnalité chez l'Individu comme chez l'Être collectif.

Comment donc le Suffrage universel, qui décide du Présent et de l'Avenir de la Patrie, pourrait-il prétendre à se conserver vivant et actif s'il ne se constituait pas organiquement responsable de ses votes? Aujourd'hui, il n'offre aucune trace de cette Responsabilité redoutable : il est ANONYME, sans Tradition respectée, sans Solidarité avec l'Avenir, sans Forme déterminée, sans apparence d'Organisme. Sa puissante parole résulte seulement de voix ou de votes *individuels* juxtaposés les uns à la suite des autres, sans qu'aucun témoignage d'un lien quelconque physique ou métaphysique rattache le vote émis aujourd'hui au vote émis hier, au vote qui sera émis demain.

S'il arrivait (et le cas ne doit pas être rare) qu'un citoyen votât en raison de quelque intérêt purement personnel; si encore (ce qui se voit assez souvent) il votait secrètement contre les opinions qu'il soutient ostensiblement avec fracas; si, dans le cours de sa vie, il votait (ce qui se voit partout) à tort et à travers, guidé par les caprices ou par les tentations du moment; s'il a été prévoyant ou imprévoyant, bon ou mauvais appréciateur de la situation politique du pays, Personne ne l'a su, ni ne le saura; Personne ne peut, ni ne pourra lui en faire un reproche ou un éloge; Personne ne peut lui adresser des remontrances sur le fâcheux résultat de ses bulletins ou le complimenter sur sa sagesse!

XI

L'Instruction populaire portera sans doute une grande amélioration dans les effets du Suffrage universel; les votants, désormais instruits et éclairés, ne se laisseront pas surprendre par les menées de ces Agitateurs de mauvaise foi qui font dévier les Masses ignorantes; mais l'Instruction n'aura aucune influence sur les hommes de Parti, sur ceux que l'ambition, l'avidité, le besoin du désordre poussent dans les voies contraires à la paix sociale.

Pour combattre ces mauvaises passions, il faut donc faire naître une digue dans l'Opinion publique. Or, dans notre pensée, cette Opinion ne sera jamais éclairée avec certitude, tant que les votes du Suffrage universel demeureront soumis à la loi de l'*Anonymat*.

Disons-le donc sans autre préliminaire, quelque choquant que cela puisse d'abord paraître, le Suffrage universel ne sera vraiment dans des conditions normales et dignes que lorsqu'il mettra ses votes *par écrit* sur un registre destiné à demeurer public.

S'il en était ainsi, chacun appuierait réellement son vote de sa signature, se soumettrait sans réserve au blâme ou à l'éloge de la part de ses contemporains et se sentirait justiciable des générations futures.

XII

Il faut avoir le courage de son Opinion!

Un peuple. qui a osé proclamer le Suffrage universel et qui s'en vante comme d'un signe éclatant de Liberté, se ment à lui-même et n'est pas libre s'il recule devant un vote à Signature découverte. Il ne serait pas digne de la Liberté, si les citoyens qui le composent se sentaient retenus, dans l'expression de leurs véritables sentiments, par la crainte d'être recherchés postérieurement pour leurs votes. Ce serait faire une part à l'Intolérance. et il n'y a pas de liberté avec l'Intolérance.

Le Peuple qui ne sait pas être Tolérant, chez

qui la Raison continue ne dompte pas la Passion instantanée, celui-là n'est pas encore majeur et n'est pas digne d'être libre. En persistant à demeurer *Anonyme* quant à ses votes, ce Peuple autorise que l'on dise de lui : « Malgré l'audace de son Suffrage universel, il a moins d'Indépendance dans le caractère que de Jactance dans ses paroles, moins de courage de Citoyen que de courage d'Émeutier, moins de Jugement que d'habitude et de disposition à fronder. »

Lorsqu'un Satrape, un Sultan, un Tzar, un Autocrate, un Roi appose sa signature sur un traité d'alliance, sur une déclaration de guerre, sur un décret oppresseur; lorsqu'il commande des actes sanguinaires, il se livre sans réserve à la Louange ou à l'Exécration des Peuples et de la Postérité, il expose, sans hésiter, sa Personne et sa Famille aux vengeances des opprimés ! Le Suffrage universel serait-il moins confiant dans la Justice et dans l'Opportunité de ses actes? Serait-il moins dévoué à ses convictions? Ne devrait-il pas être humilié, honteux de s'abriter derrière un BULLETIN ANONYME ?

XIII

Nous n'en dirons pas plus long sur ce sujet, qui mériterait un volume. Il nous suffit aujourd'hui de l'indiquer, pour ouvrir carrière aux réflexions et pour signaler la meilleure des améliorations qu'il conviendrait d'apporter au Suffrage universel pour lui donner un caractère certain de Responsabilité morale effective.

XIV

Nous avons encore à indiquer une autre amélioration bien plus difficile à introduire, car, d'une part, elle blesse bien autrement les préjugés, et, d'autre part, elle ne serait pas, dans l'exécution, aussi simple et aussi complète que la précédente; et pourtant, sans elle, le Suffrage universel n'est pas universel et il ne mérite pas son nom.

Je veux parler de l'Intervention sous une Forme déterminée de l'élément Féminin.

Nous avons remarqué, en commençant ce chapitre, que, dans la pratique, le nombre des votes du Suffrage universel n'atteint pas le *quart* de la population française; la moitié de ce quart, ou moins d'un huitième de la Nation, moins encore lorsqu'il y a des abstentions, suffit donc pour former une Majorité et pour emporter souverainement des décisions capitales!

La Faiblesse d'un chiffre si souverain rend encore plus choquante et insensée l'Irresponsabilité qui caractérise le Suffrage universel, tel qu'il fonctionne aujourd'hui, et elle fournit un sérieux argument aux Novateurs qui réclament, pour la Femme, le droit de vote semblable exactement au droit de vote des Hommes.

XV

Bien que celui qui écrit ces lignes ait fait partie d'une grande École philosophique, presque oubliée maintenant, mais qui, dans les dernières années de la Restauration, plaida (et non vainement) pour l'*Égalité des deux sexes*, il n'a cependant jamais compris cette Égalité comme s'affirmant, dans toutes les circonstances sociales, par des fonctions ou par des opérations *Identiques*, mais par des fonctions ou des opérations *Équivalentes*, eu égard aux Droits et aux Devoirs. En conséquence, il n'accepterait point sans résistance l'opinion qui voudrait saisir les femmes d'un droit de vote tout à fait semblable à celui des hommes, droit qui introduirait légalement une nouvelle cause dissolvante dans l'Union conjugale, l'un des fondements de l'ordre social et qu'il importe bien plus de fortifier que d'affaiblir.

Il y a donc là une très grosse question à résoudre : mais elle n'est pas urgente, de bien s'en faut. Nous croyons qu'il lui faut de longues et de sérieuses préparations, et qu'il faut se borner aujourd'hui à ménager au sexe féminin des Influences *positives*. Nous indiquons plus loin une Organisation de vote pour les Unités de second ordre, dans laquelle cette Influence pourrait être très directe. Peut-être jugera-t-on que pendant longtemps ce système suffirait, s'il arrivait à se réaliser.

XVI

Autre imperfection du Suffrage universel !

La partie la plus âgée de la Nation joue un rôle très effacé sous le règne du Suffrage universel actuel, puisqu'elle est bien moindre en nombre que la partie la plus jeune. Les intérêts majeurs qu'elle représente, les connaissances acquises, l'expérience des affaires, la possession des instruments de travail ne sont comptés pour rien. La voix d'un Chef de Famille qui soutient un grand nombre d'existences par son travail et sa bonne conduite, ne vaut pas davantage que celle de son Fils fainéant et dissipateur. Les Notabilités les plus vénérées n'y ont pas plus de force que les plus effrontés Drôles arrivant à l'âge de la majorité légale.

Évidemment, cette situation est entachée de vice.

Cependant, si l'on voulait tenir compte de la Valeur relative des hommes. de la Qualité des votants, on détruirait l'Essence même du Suffrage universel.

Peut-être offrirai-je un moyen de concilier ces deux difficultés en examinant la dernière question posée au commencement de ce chapitre, celle de l'*Amorphisme* du Suffrage universel.

XVII

Le but définitif du Suffrage universel est incontestablement de doter la France du meilleur des Gouvernements, c'est-à-dire d'un Gouvernement qui veuille, sache et puisse lui donner la Sécurité, l'Ordre et la Paix, lui assurer du Travail et des Débouchés, enrichir son Esprit de

Connaissances utiles, agréables et fructifiantes, accroître ses Forces corporelles et son Adresse, améliorer son État sanitaire, fortifier son Caractère civique et patriotique, mettre une Justice exacte et prompte à la portée de Tous sans partialité et sans faveur, élever sa Moralité en honorant l'Obéissance aux Lois, la pureté du Nom, la Dignité de la conduite, la Régularité dans les relations des deux Sexes. Il faut aussi que le Gouvernement soit en état de surveiller les Nations voisines et de faire profiter sa propre Nation de leurs progrès. Enfin, il faut encore que le Gouvernement encourage et fortifie dans les cœurs ce sentiment Religieux qui, indépendamment de toute forme de Culte et de toute précision de Symbole, nous emporte au delà de l'existence actuelle et de l'univers visible, nous associe à tout ce qui n'est pas nous-même et nous plonge, humbles et prosternés, dans la Prière et dans l'Adoration de la Personne du DIEU infini, éternel, toujours vivant, tout puissant, tout juste, tout bon !

Pourvoir à la formation d'un tel Gouvernement, sera la grande tâche et le suprême Idéal du Suffrage universel.

XVIII

Or, nous croyons que le Suffrage universel peut prétendre à se rapprocher de plus en plus de cet Idéal et de l'entier accomplissement de sa tâche, si on ne le consulte pas seulement sous sa Forme actuelle améliorée par l'Instruction et la Responsabilité, mais encore sous la Forme d'*Unités de second ordre* que nous avons déjà indiquée à la fin du chapitre de la Famille.

XIX

Ne craignons pas de le répéter, le Suffrage universel tel qu'il est constitué à cette heure est *ignorant, anonyme* ou *irresponsable, amorphe* ou *inorganique,* et,... *célibataire.* Il fonctionne tout d'une pièce, sans contrôle, sans frein, sans contre-poids. Le NOMBRE est tout pour lui; la QUALITÉ n'est rien.

Or, l'Assemblée et le Chef élus par le Suffrage universel peuvent bien être l'Assemblée et l'Homme *du moment*, peuvent bien représenter les besoins, les désirs, les goûts, les appétits, les intérêts, les passions, les préjugés, les volontés *du jour et du temps présent* pour la portion la plus militante de la nation; mais cela ne suffit pas. car cette Nation a un Passé et un Avenir; elle a un lendemain. un surlendemain, et beaucoup de jours à vivre après le vote. Ces jours se suivent et ne se ressemblent pas, en sorte que les personnes portées au Pouvoir et à la Législature comme les plus aptes à diriger le pays dans le sens du mouvement. à l'instant même du vote. ne tardent pas à devenir incomplètes ou insuffisantes dans les circonstances qui vont se développer. La situation demanderait alors de nouvelles nominations si l'on pouvait, sans danger. rejeter fréquemment le Pays dans les agitations de nouvelles nominations. Celles-ci d'ailleurs verraient bientôt renaître la même difficulté, en telle sorte que le Pays. livré à une Assemblée *unique,* serait forcé de vivre dans une Agitation perpétuelle, au gré des passions et au ballottage des ambitions. Le travail, le commerce, l'industrie, le crédit seraient paralysés; le repos et la paix deviendraient impossibles, et l'Europe entière ne tarderait pas à se coaliser pour éteindre et étouffer un foyer de troubles si ardent.

La solution ne peut se trouver qu'en demandant au même Suffrage universel, mais FONCTION-

NANT D'UNE AUTRE MANIÈRE (c'est-à-dire à l'état d'UNITÉS DE SECOND ORDRE) de constituer sur la scène politique, à l'état de *Puissance équivalente*, une seconde Assemblée représentant la Nation non plus dans ce qu'elle a d'impatient, d'ardent, de passionné, d'aventureux, d'enthousiaste, de spontané et de momentané, mais dans ce qu'elle a de constant, de sensé, de réfléchi, de caractéristique, de traditionnel et de prévoyant !

XX

L'Expérience a démontré qu'il est indispensable d'établir une division dans le Pouvoir législatif.

Aux États-Unis d'Amérique, dans l'état de Pensylvanie, on a fait l'essai d'une seule Assemblée, que Franklin lui-même considérait comme la conséquence logique du dogme de la souveraineté du peuple. Mais il a fallu y renoncer et constituer deux Chambres. « Le principe de la Division du » pouvoir législatif, dit Alexis de Tocqueville, » reçut ainsi sa dernière consécration. On peut » donc désormais regarder comme une vérité » démontrée, ajoute-t-il, la nécessité de partager » l'action législative entre plusieurs Corps. Cette

» théorie, à peu près ignorée des Républiques » antiques, introduite dans le monde presque au » hasard, ainsi que la plupart des grandes véri- » tés, méconnue de plusieurs peuples modernes, » est enfin passée comme un axiome dans la » science politique de nos jours [1]. »

Ce que l'Expérience a démontré en Amérique, une théorie plus complète que celle de Franklin le confirme.

Trois mots : Impulsion ou *moteur*, Résistance ou *modérateur*, Gouvernail ou *Chef-directeur*, expriment les trois éléments gouvernementaux d'une agglomération d'êtres humains. C'est la résultante de ces trois Puissances qui doit donner l'équilibre à la fois *continu* et *progressif*.

Moteur, Frein et ***Gouvernail***, tel est l'organisme normal de tout ce qui progresse vers un but défini, aussi bien pour un peuple que pour un *navire* ou une *locomotive*. Qui ne sait que sans la *vitesse* du navire et sans la résistance de l'eau le pilote ne peut rien pour diriger, et doit fatalement échouer sur les récifs avec tout l'équipage !

(1) DE LA DÉMOCRATIE EN AMÉRIQUE, *par le comte Alexis de Tocqueville*. 14e édition, tome Ier, pages 137-139.

XXI

En d'autres termes :

Des *Députés* ou *Représentants*, impatients de l'Avenir et généralement hommes nouveaux et jeunes, formant un *Corps* de mouvement progressif principalement législateur, élus par le Suffrage universel direct, qui vote par tête et ne reconnaît d'autre puissance que celle du *Nombre* et d'autre Droit que celui des majorités numériques;

Des *Sénateurs*, ou *Anciens*, ou *Pairs*, ou *Pères*, hommes généralement connus et illustres, respectueux pour le Passé et les Traditions nationales, en garde contre les améliorations encore chanceuses, formant un corps de résistance raisonnée principalement judiciaire et administratif, élus aussi par le Suffrage universel, mais par un suffrage universel fonctionnant en groupes, en unités collectives de second ordre, et présentant ce caractère nouveau que, dans chaque groupe, le vote soit naturellement et spontanément la résultante du Nombre, de la Qualité et du Sexe ;

Enfin, un *Chef-Directeur*, soit Président temporaire, soit Président proposé par une famille héréditaire, qui serait *élu* ou *confirmé* par le suffrage universel fonctionnant sous ses deux formes par *tête* et par *groupe*.

C'est toujours la théorie des Trois pouvoirs, vieille par la discussion, jeune encore par l'application ; c'est toujours ce qu'ont trouvé de mieux, jusqu'ici, les Nations les plus libres et les plus avancées : la confédération américaine des *États-Unis* et le Royaume-Uni (United Kingdom) de l'Empire Britannique. C'est le terrain commun, la plaine fertile et sans limites vers laquelle descendent peu à peu, de gré ou de force, en connaissance de cause ou à leur insu, avec entrain ou à reculons, toutes les agglomérations nationales, même celles dont les os craquent sous l'écrasement du despotisme asiatique.

XXII

En se reportant à ce que nous avons déjà indiqué sommairement à la fin du chapitre « de la Famille », on aura une idée du caractère nouveau que revêtira la seconde forme du Suffrage universel fonctionnant par *Unités de second ordre*.

Nous allons examiner plus à fond ce système, et d'abord esquisser les conditions d'existence et d'activité du Corps gouvernemental chargé de la Résistance nécessaire pour que le Gouvernail agisse efficacement.

XXIII

Une assemblée des *Anciens,* une *Pairie,* un *Sénat,* ne sont pas des nouveautés pour la France ; mais ces corps n'ont jamais eu par eux-mêmes une Puissance propre et *indépendante,* soit parce qu'ils étaient choisis par le souverain, soit parce qu'ils émanaient d'électeurs qui n'avaient pas non plus eux-mêmes une *Personnalité* indépendante, traditionnelle et durable.

En Angleterre, la chambre des *Lords*, qui est modératrice par la nature propre de ses membres, se compose d'Individus qui peuvent être considérés comme *Unités de second ordre,* parce que les Familles sont profondément enracinées par l'histoire dans les souvenirs et dans les coutumes de la Nation, par la propriété dans le Sol, par la richesse mobilière dans l'Industrie et dans le Commerce. Ces Individus sont puissants *par eux-mêmes* et sont aussi à peu près indépendants du Souverain, qui ne peut exercer une influence certaine sur les décisions de leur corporation qu'au moment où il fait de nouveaux Pairs.

Dans la Confédération américaine, le *Sénat*, qui fait sentir son influence modératrice surtout par ses attributions judiciaires, se compose de membres qui représentent spécialement chacun des États dont la réunion forme l'ensemble de la Nation confédérée. Ces États sont, en certaines limites, indépendants les uns des autres, ainsi que du gouvernement fédéral, et chacun d'eux, — considéré en fait comme *Unité de second ordre,* — nomme le même nombre de membres, quelle que soit son importance relative en population et en richesse. Ces sénateurs parlent chacun au nom d'Intérêts collectifs ou d'États, ayant une existence propre, un budget spécial, une liberté absolue d'action dans un grand nombre de directions variées. Par conséquent, ils semblent avoir fonctionné jusqu'à ce jour et continuer à fonctionner dans des conditions d'Indépendance analogues à celles de la *Pairie* en Angleterre, quoique leur autorité soit temporaire et d'une provenance tout opposée.

Cet exemple, donné par les Américains pour la composition de leur Sénat, est une utile indication pour la France.

Il montre comment on peut créer une seconde assemblée, issue du Peuple, ayant par conséquent la même autorité que la chambre des *Représentants* directs et représentant elle-même cependant d'autres intérêts nationaux.

XXIV

En partant des considérations émises dans le précédent paragraphe, la première idée qui se présente à l'esprit pour composer en France le Corps gouvernemental modérateur, serait de s'adresser aux unités collectives formées par nos divisions territoriales : *communes, arrondissements, départements*.

On pourrait varier les combinaisons de plusieurs manières quant au mode de votation. On pourrait adopter les divers systèmes mis récemment au jour par les écrivains politiques français, anglais et américains, systèmes dont le but est d'obtenir que les divers partis entre lesquels la Nation est partagée se retrouvent dans l'Assemblée avec les proportions qu'ils ont dans le Pays.

Il paraîtrait utile que ce corps modérateur fût, comme le Sénat américain, renouvelé seulement par fraction à chaque période électorale : ce renouvellement *par série* étant en effet plus conforme au but d'une institution Conservatrice et

Prévoyante, qui ne s'abandonne que peu à peu (et encore en le modifiant) au Mouvement progressif dont est l'organe le Corps des Représen tants nommés par le Suffrage universel votant par tête.

Au contraire, le renouvellement en bloc paraît indispensable pour le dernier corps qui, agissant comme Moteur, doit être pourvu de forces homogènes et concordant avec les opinions nationales régnantes.

XXV

Toutefois, les combinaisons d'*unités de second ordre,* prenant leur point de départ dans les circonscriptions territoriales actuelles, bien qu'elles présentent *le grand avantage d'être immédiatement applicables*, ne nous paraîtraient pas devoir être des combinaisons *définitives*. Ces divisions territoriales, en effet, sont à peu près *arbitraires*, ne sont que des unités *de convention*, ne se sont pas formées par la *nature des choses* et sont à peine *liées* dans leur intimité par des intérêts matériels d'impôts, de routes, de fonctionnaires spéciaux. Elles ne représentent même pas les divisions *naturelles* de climat, de production, de bassins fluviatiles ou de massifs montagneux; elles ne sont que des agglomérations administratives, *découpées* dans la *carte* et dans la *population* de la France, sans lien intellectuel et moral; en un mot, elles ne sont point organisées en vue d'un *but commun* qui constituerait pour chacune une *Personnalité spéciale*.

Qui ne voit l'immense différence que présentent, sous ce rapport, les États *Distincts* dont la *Confédération* constitue les États-Unis d'Amérique?

Il est vrai que les Divisions territoriales actuelles, après avoir été formées arbitrairement, ont été uniformisées autant que possible, depuis plus de trois quarts de siècle, par des instruments préfectoraux pressurant, contondant et tranchant, mais c'est au nom de l'administration centrale à Paris; en sorte que, si on leur a donné de l'homogénéité et une espèce d'instinct individuel, on est bien loin d'avoir laissé naître chez elles un caractère de personnalité, tel que celui dont étaient douées les anciennes Provinces de France ou semblable à celui qu'ont, dans le Nouveau-Monde, les États de la confédération américaine.

On parviendra probablement à donner, dans des limites restreintes, une plus grande vie individuelle à la commune; quant au département, c'est plus que douteux, puisque cette division territoriale n'a eu et n'a d'autre raison d'être que le besoin de diviser une trop grande étendue de pays [1].

XXVI

Que si l'on cherche des *Unités de second ordre* en dehors des corps constitués pour administrer les Divisions territoriales, on en trouve un assez grand nombre qui ont une grande importance dans des sphères d'intérêts spéciaux ; mais en les totalisant, on reconnaît aussitôt qu'ils ne représentent pas la France *dans son ensemble*, dans *tous* ses intérêts, dans la Vie de ses habitants. Ainsi, la Banque, les Chambres de commerce, les grands établissements de Crédit, les Sociétés de Chemins de fer et de grands travaux publics,

(1) On pourrait organiser de nouvelles Circonscriptions territoriales, de manière qu'elles devinssent chacune une véritable *Unité collective*, avec un caractère non fictif de Personnalité. Il suffirait de les former stratégiquement en vue de la Défense de la France, Défense pied à pied, morceau par morceau. Suivant cet ordre d'idées, chacune de ces circonscriptions deviendrait l'objet de travaux publics et militaires qui la rendraient susceptible d'une organisation spéciale pour qu'elle pût se défendre indépendamment des circonscriptions voisines. Ces Défenses locales s'harmoniseraient avec la Défense générale du territoire. Certes, si une semblable organisation logique existait, la France résisterait autrement à l'avalanche prussienne. Que peut-Elle, réduite à des tronçons sans tête par l'emprisonnement de Paris ?

l'Institut, les Académies de province, les Conseils universitaires, les Syndicats, etc., etc., jouent en France un rôle considérable et varié, mais ils ne *constituent* pas la France ; ils en représentent seulement certains éléments. En les réunissant, on aurait donc une brillante fraction de la nation, mais cette fraction pécherait par défaut d'homogénéité.

D'ailleurs, l'élément féminin serait absolument nul dans tous les groupes, et pour nous, cela trancherait la question.

Cependant, au moment actuel, dans l'état de désorganisation du pays, nous ne voyons rien de mieux à faire, pour la formation d'une assemblée *modératrice,* que de combiner à la fois les Divisions territoriales et les groupes d'Association ci-dessus indiqués. Ces diverses *Unités de second ordre*, quoique factices ou incomplètes, donneraient les éléments d'une seconde Assemblée qui, surtout dans les premières années, semblerait compléter la première. On en retirerait des avantages certains.

Toutefois, nous avons la conviction qu'une Assemblée *modératrice*, élue par des combinaisons de ce genre, ne tarderait pas à devenir entièrement semblable à l'Assemblée *impulsive*, sauf quelque légère différence dans les Proportions des partis, et qu'elle ne serait plus qu'un rouage sans utilité ou bien une cause d'encombrement, peut-être de conflits.

XXVII

Qu'il en serait différemment si notre dessein se réalisait; si les Familles partielles se rattachaient entre elles par les liens d'une association de Parents: si pas un homme. pas une femme, pas un enfant ne se trouvait isolé et en dehors de la protection d'une Société *familiale* de secours mutuels : si ces Sociétés fonctionnaient normalement depuis un temps moral avec leurs administrations. leurs capitaux. leurs réunions périodiques : enfin. si la France en était couverte jusque dans le plus petit quartier de son territoire..... certes, c'est à elles, à toutes les Sociétés de secours mutuels. tant corporatives que communales, que nous voudrions confier la nomination des membres de la seconde Assemblée, de l'Assemblée *modératrice*.

Alors toutes les conditions d'un Suffrage universel complet se trouveraient satisfaites ; car ces Sociétés diverses, véritables et naturelles *Unités de second ordre* chargées d'élire la seconde Assemblée, seraient bien le complément réel des Individus ou *Unités de premier ordre* chargés d'élire l'Assemblée *impulsive*.

Cette dernière, résultant du vote par tête et des majorités purement *numériques*, représenterait bien la France dans sa fougue, dans sa pensée du moment avec ses tendances aventureuses; la France prête à porter la charge de toutes les Expériences sociales, disposée à essayer toutes les Théories; la France courant au-devant des Sacrifices et des Dangers, frémissante en face de toutes les Injustices et chevaleresque en face de toutes les oppressions.

L'autre assemblée, résultant du vote par Associations de Familles, représenterait la France avec d'autres vues et d'autres sentiments; la France historique et traditionnelle avec l'amour de la Famille et le respect du Passé; la France régulière, prévoyante, économe et prudente, faisant le bien avec une parfaite connaissance de ses engagements et ne reculant pas devant des conséquences *Prévues;* la France qui tient compte de la Qualité des votants, des aspirations et des instincts de la Femme, de l'Avenir des enfants et de la sécurité des Vieillards.

Ces deux Assemblées seront investies d'Autorités non point identiques, différentes au contraire, mais équivalentes. Toutes deux seront profondément enracinées dans le cœur de la Nation.

XXVIII

Tout ce qui vient d'être exposé traduit suffisamment l'idée dominante de ce troisième chapitre, où nous avons voulu offrir un moyen de réorganiser la Nation sur la base d'un Suffrage universel *amélioré* et d'une Famille *élargie*.

Nous ne nous arrêterons donc point à élaborer ici des formules plus précises. Nous n'étudierons pas davantage les conditions diverses dans lesquelles les Sociétés *amicales* de Parents pourraient se former, ni comment elles acquerraient le droit de Vote, tant en raison du Nombre de leurs membres que de l'époque de leur Fondation et de l'importance de leurs Capitaux. Ce sont des détails qui appartiennent à l'avenir. Ce sera également à ces Sociétés elles-mêmes de régler, chacune dans leur sein et *avec toute liberté*, les moyens particuliers de faire équitablement concourir à leur vote final les Minorités de nombre, la Qualité des votants, l'opinion des Femmes et les Intérêts distincts que pourront avoir les Familles *partielles*.

Mais, dira-t-on, vous vous soufflez là des Illusions et vous les confiez à des nuages. De vos Sociétés familiales, il n'en existe pas une! En supposant qu'on les adopte et que tout de suite on s'engage dans cette voie, il faudra une longue suite d'années, au moins un DEMI-SIÈCLE, avant que toute la France y soit arrivée. Or, c'est dès aujourd'hui que nous avons besoin de nous rasseoir et de nous réorganiser.

XXIX

Un DEMI-SIÈCLE soit! La Prusse en a pris davantage pour attiser sa Vengeance et se relever de dessous le pied qui l'avait abattue dans la poussière. — Qu'est un DEMI-SIÈCLE dans la vie d'une Nation?

Doit-on compter pour Rien le fait d'avoir un But fixé, de s'avancer vers lui d'un pas assuré?

N'est-ce pas le commencement de la Sagesse que de vouloir être sage?

Ne sait-on pas que lorsqu'on a pris envers soi-même un ferme engagement, on goûte tout de suite, au moins par le Calme du cœur, de l'esprit et des sens, les fruits qu'il doit produire?

Bordeaux. — Imp. G. Gounouilhou

POST-FACE

—

RADOTAGES

en manière de conclusion pratique

UN VIEUX MONSIEUR, posant son livre et relevant ses lunettes

Ouf! en voilà un qui s'emballe, comme l'on dit aujourd'hui! Il part de Cicéron, posément, au petit pas. Je le suis de confiance pensant qu'il va me promener, de commentaire en commentaire, sur le *de Senectute,* que j'ai fort oublié... Ah! bien oui! Il se laisse entraîner à droite, puis à gauche; il se jette dans la traverse, passe par dessus un tas de questions abstruses pour tomber finalement dans le Suffrage universel, dans le Vote des femmes, dans la nomination de deux Assemblées.....! Et vos Vieillards? malheureux auteur! Et vos Vieillards? avouez que vous les avez oubliés en route... La peste soit du discoureur!... Quelque recette pour vieillir avec agrément, ou pour calmer ma goutte eût bien mieux fait mon affaire!

L'AUTEUR, *arrivant essoufflé et s'appuyant sur sa canne.*

Comment, vous m'accusez d'avoir lâché mes Vieillards : et tout le livre ne s'adresse qu'à eux ! Qui donc, s'il vous plaît, s'attacherait à grouper des parents en une société amicale de famille ? Qui, si ce n'est un vieillard ? Que puis-je attendre d'un jeune Viveur, gaspillant ses richesses et ses talents sous le fouet des passions ? Que demanderais-je à un jeune Lutteur, poursuivi par le besoin ou par l'ambition et qui consacre toutes ses forces à fendre la mêlée des concurrents ? A ceux-ci, que le Présent empoigne et force de marcher à travers les accidents, la Vie ardente et pressée ! A ceux-là, au contraire, que la Mort guette dans le repos de leur retraite, le soin de se préparer une meilleure Fin !

LE VIEUX MONSIEUR, *s'enfonçant et se renversant dans sa bergère douillette.*

Est-ce que, par hasard, vous auriez jeté les yeux sur moi pour fonder une de vos Sociétés de Parents et Amis ? Compteriez-vous sur votre serviteur tout craquelé pour le faire courir après ses vieux cousins à demi-morts ou chez ses cousines retirées du monde ? Vous figurez-vous que je me chargerai de convier mes sceptiques neveux et mes nièces mondaines aux joies sérieuses d'une Société familiale de secours mutuels ? A d'autres ! mon brave homme ; à d'autres ! J'ai d'abord à batailler contre une goutte qui prend des habitudes de résidence dans les ruines de mon pauvre corps torturé; j'ai à me garer contre la surdité qui me menace; à ménager mon ancienne vue de chasseur qui faiblit; à veiller sur les trahisons d'un appétit jadis fidèle. Enfin, de tous les plaisirs il ne me reste que la morne partie de whist; car, toutes les fois que je me risque à prendre une stalle d'orchestre, je paie en douleurs de tête, de reins et d'estomac, bien au delà de ce que mon escapade m'a rapporté en moments agréables.

L'AUTEUR.

Parfait! Vous êtes précisément à point, cuit et mijoté, tel que je guignais un sujet. Vous êtes prédestiné, mon cher; et, d'ici, je vous aperçois présidant bientôt la fête d'inauguration de votre Société de Parents, le soir même où une nouvelle Taglioni ouvrira la reprise du ballet des Sylphides.

LE VIEUX MONSIEUR, se soulevant demi.

Aïe! Taisez-vous donc et ne ravivez pas mes tristesses, double bourreau que vous êtes! Ne savez-vous pas que j'étais depuis longtemps un habitué des coulisses aux débuts de cette brillante étoile? Quel temps heureux! Nous étions bien là une vingtaine d'amis intimes: autant de fous! protecteurs déjà émérites de tous les jolis talents en herbe!

Où sont-ils maintenant?

A peine restons-nous trois ou quatre? impotents la

moitié de l'année, catharreux, goutteux, graveleux, pierreux, Vieux enfin, Vieux, Vieux, trois fois Vieux! Vieux c'est tout dire; n'étant plus bons qu'à ennuyer tous ceux que leur fâcheux destin force à vivre avec nous, et condamnés à lire dans leurs yeux cette désobligeante pensée : « Quand donc » crèvera-t-il, ce vieil animal! Il nous fait acheter » bien cher le legs qu'il nous laissera! »

L'AUTEUR.

N'en doutez pas : on se réjouira de votre départ pour une autre existence. Le beau résultat que vous aurez gagné là, après un temps de cuisantes douleurs succédant à une vie de trop vifs plaisirs! Vous me remettez en mémoire ce conseil de l'Indien à un adolescent :

« Quand Tu vins au monde, Tu pleurais et Tous, » autour de Toi, souriaient; conduis Ta vie de telle » manière qu'à Ta mort Tous pleurent autour de » Toi, et que, seul, Tu souries. »

LE VIEUX MONSIEUR.

Bon conseil par ma foi! Mais comment s'en servir? C'est le diable que d'accrocher cette fin désirable!

L'AUTEUR.

Certes! car il ne suffit pas de gratifier ses héritiers et légataires de belles rentes dont ils savent bien que vous ne pouvez plus rien faire. Ne faudra-t-il pas toujours les laisser à quelqu'un malgré que vous en ayez ?

Mais soyez assuré que le souhait indien se réaliserait pour vous et pour eux, si vous leur faites du Bien durant votre vie; s'ils trouvent chez vous, lorsqu'ils en ont besoin, votre intervention avisée; s'ils sont convaincus surtout d'être pour quelque chose dans votre propre existence, et s'ils sentent en eux-mêmes que leurs soins affectueux contribuent à votre bonheur.

LE VIEUX MONSIEUR.

Je voudrais le croire, mais je n'en sais rien. D'ailleurs, tout le monde n'a pas la vocation pour l'emploi vacant de saint Vincent de Paul. En général, on ne se préoccupe guère de devenir un modèle de vertus domestiques, un bienfaiteur classé du genre humain et de ses proches. Je vous vois venir. Quelque sermon vous étouffe et vous cherchez à vous en délivrer sur moi. Gardez-le de grâce. Je m'en ennuie comme d'une pluie fine sous un ciel gris. La morale douce et pure alimentant le flux sempiternel d'une parole mielleuse m'agace les nerfs à en crier et si c'est à cette fin que vous demeurez là planté sur votre canne...

L'AUTEUR.

... Je ferais mieux de vider les lieux, n'est-ce pas? Et vous resterez, vous, dans votre bergère, la jambe étendue avec un revif de goutte; vous sonnerez à chaque instant François pour refaire le feu et satisiaire à des ordres aussitôt oubliés que donnés; vous vous inquiéterez de votre dîner sans avoir faim, et vous ferez durer le dessert pour diminuer la longueur accablante de la soirée; vous trouverez insipides toutes les lectures que vous essaierez; vous serez mécontent de tout le monde parce que vous l'êtes de vous-même; vous vous ferez conduire à votre lit sans sommeil; vous broierez du noir toute la nuit dans une insurmontable insomnie; vous serez harassé de vaines réminiscences de jeunesse, et vous vous ferez lever plus fatigué qu'aujourd'hui pour recommencer une journée qui ne vaudra pas mieux.

LE VIEUX MONSIEUR.

Pas mal! me voilà écorché vif! Mais prenez donc la peine de vous asseoir.

L'AUTEUR.

Nenni, je m'en vais; mais je veux auparavant vous dire plus crûment votre fait. N'êtes-vous pas honteux de vivre ainsi plus à charge mille fois à vous-même que vous ne l'êtes aux autres? Car, ne l'oubliez pas, ce n'est pas dans l'intérêt d'autrui que je vous attaque; c'est dans le vôtre surtout. Je veux changer vos mœurs et votre manière de vivre. Je veux vous inspirer la crainte salutaire des compensations qui vous attendent après la mort. Vous êtes trop bien doué pour n'être pas tourmenté par le besoin et par le désir d'une Existence future plus élevée, plus rapprochée de l'Idéal qui a souvent traversé votre imagination. Plus vous avancerez dans votre Vieillesse, plus vous serez assailli par cette pensée; plus elle vous dominera et plus vous regretterez le temps perdu. Je veux que vous vous reteniez avec l'entêtement de Cynégire aux restes de la vie actuelle qui s'échappe, pour les employer aux soins religieux de votre Amélioration morale, sous la dictée de votre Conscience, et dans le calme de la Raison. Ne hochez pas la tête! La Conscience est rarement dans l'obscurité. Vous savez parfaitement ou si vous faites Bien, ou si vous faites Mal.

Quel plus grand contentement chercheriez-vous, au couronnement de votre carrière, que de pouvoir vous dire dans le fond de votre âme, au moment où vos proches entoureront votre lit de mort : « Mon » Dieu! je vous remercie d'avoir permis que j'aie » reconnu mes défauts, mes vices et mes torts; de » m'avoir fait cette grâce que j'aie pu sincèrement » m'efforcer de les corriger et de les expier. J'ai » ardemment désiré vous rendre une vie meilleure » que celle que j'ai reçue de vous; et si je n'ai pu y » parvenir dans le peu de temps que j'y ai consacré, » puissent au moins mes efforts trouver faveur » devant vous et me valoir les Moyens de suivre » dans ma nouvelle existence la voie de l'Améliora- » tion que votre Bonté m'a ouverte. »

En priant ainsi, le sourire naîtra sur vos lèvres et vous aurez réalisé le souhait de l'Indien.

LE VIEUX MONSIEUR, *légèrement attendri.*

Oui ! moi peut-être pourrai-je sourire; soit! Mais, croyez-vous bonnement que mes héritiers pleureront? A en juger par ce que j'aurais fait moi-même en pareille occasion, je reste incrédule.

L'AUTEUR.

Que vous importerait, au fond ?

Supposez même que les joies de l'héritage compensent et au delà les regrets de votre départ chez vos héritiers; ne préférez-vous pas qu'au lieu de se répandre en paroles critiques et malveillantes, ils chantent vos louanges ? Le grand Juge entend tout. N'aimeriez-vous pas qu'en parlant de vous ils enchérissent les uns sur les autres, dans le bien qu'ils en diront ?

« Quels changements à la fin de la vie ! s'écrieront » les uns. Comme il était devenu doux, patient, » bienveillant, lui qui, auparavant, nous faisait » tous trembler dans ses colères et brutalisait » sardoniquement les cœurs le plus tendrement » dévoués ! »

« Nous l'avions connu avare pour les bienfaits, » reprendront les autres, et prodigue pour ses » plaisirs; mais il avait comme tourné sur lui- » même : économe pour ceux-ci et généreux pour » ceux-là.

» Et ses sentiments religieux..... »

LE VIEUX MONSIEUR, ironiquement.

Tout doux! tout doux! Arrêtez-vous, je vous conjure. Si vous continuez, je me vois capucin.

L'AUTEUR.

Croyez-vous que je ne sache pas avec quels dédains suprêmes vous parlez des sentiments religieux? Vous n'y avez vu jusqu'ici qu'une preuve de faiblesse chez l'humanité imparfaite. Tournant en dérision les croyances naïves des simples d'esprit, cassant envers des préjugés le plus souvent respectables, vous taxez d'hypocrisie ceux que le besoin de culte pousse à des pratiques surannées et injustifiables. Eh bien! vous avez toute votre vie menti à vous-même : vous croyez en Dieu rémunérateur et en l'immortalité de votre être responsable, et rien ne le décèle dans votre conduite! En apparence, Dieu est pour vous comme s'il n'existait pas!

LE VIEUX MONSIEUR.

Et vous présumez que je pourrai me modifier du tout au tout dans le peu d'années qui me restent peut-être à vivre?

L'AUTEUR.

Sans doute! Car dussiez-vous mourir demain, il

suffit de Vouloir pour vous placer dans une voie qui se continuera au delà de votre existence actuelle. Relisez mon premier chapitre. La raison la plus froide vous engage à profiter de vos années de retraite pour vous améliorer en vue d'une meilleure vie future. Lorsque vous serez pénétré de ce Devoir, vous reconnaîtrez que le sentiment religieux est la source la plus vive de la puissance humaine, et vous respecterez dès lors toutes les convictions sincères. Les superstitions mêmes ne vous irriteront plus. Vous vous efforcerez de les amoindrir sans blesser ceux qui s'en nourrissent et qui y puisent leur courage. Vous vous ingénierez à suggérer d'autres motifs de consolation et d'activité à ceux dont vous aurez fait évanouir les illusions. Vous serez, en un mot, si tolérant que vous cesserez d'être intolérant vis-à-vis l'intolérance.

LE VIEUX MONSIEUR.

Vous allez me forcer à m'admirer dans mes vieux jours!

L'AUTEUR.

Oui! Je vous vois d'avance. Pénétré de reconnaissance envers le Dieu de Justice et de Bonté, vous vous abîmerez par moment dans la contemplation de sa grandeur infinie. Vous vous élèverez vers lui par la prière spontanée à haute voix dans la solitude des campagnes, vous appellerez de vos vœux un culte raisonnable où vous puissiez lui rendre témoignage public, et, dans l'attente, vous le glorifierez, comme les religieux de toutes les Religions, par des actions de grâce et des hymnes d'adoration.

(*Exit.*)

LE VIEUX MONSIEUR, seul, après un instant de silence.

Bon, le voilà parti! Il est assez encourageant cet original de vieux pêcheur devenu prêcheur. J'avouerai d'ailleurs tout bas que je sens, de temps à autre, me monter à la tête quelque bouffée dans ce genre depuis que mes anciens amis sont *ad patres* et que les jeunes, dont les ailes ont poussé, me négligent après m'avoir encensé. — Mais je suis dans un milieu si peu apte à entretenir ces idées qu'il suffit de la visite intéressée d'une de mes anciennes conquêtes ou d'une lecture excitante pour me faire passer cette velléité. D'ailleurs, lors même que je voudrais faire quelque chose qui me rendît content de moi-même, le pourrais-je, cloué que je suis la moitié du temps dans mon fauteuil? Quand je me vois avec une quasi-impotence, avec mon oreille dure et ma vue susceptible, je me demande à quoi je pourrai encore servir, et suis plutôt disposé à croire que de bonnes méditations, de bonnes intentions, de fermes déterminations ne peuvent, à mon âge, et dans mon état de faiblesse physique, être d'aucune utilité, puisqu'elles ne sauraient produire aucune œuvre. Je me souviens toujours que mon grand-père me disait, quand j'avais quatorze ou quinze ans : « La Foi sans les Œuvres, mon » petit ami, c'est bien peu solide. Elle pousse à » l'hypocrisie et prépare de terribles mécomptes » pour le salut ! On croit n'avoir plus à s'occuper » que de soi et l'on s'endurcit dans l'égoïsme et » dans l'orgueil. » — A quoi mon grand-oncle, le curé de B....., ne manquait pas de lui crier : « Tu » n'as qu'à moitié raison, frère; dis-lui donc aussi, » à ce jeune rhétoricien, qui me paraît trop raison- » neur, que les Œuvres sans la Foi laissent bien » vite pénétrer l'indifférence dans l'âme, et risquent » fort de servir seulement des appétits sensuels qui » tournent également tôt ou tard aux jouissances » égoïstes. Égoïsme des deux côtés. »

J'en concluais alors, dans mon cerveau de collégien, que, pour agir en homme complet, il ne faut ni négliger les Œuvres pour la Foi, ni s'oublier dans la Foi sans se retremper dans les Œuvres.

A quoi donc me serviraient les méditations et les résolutions, puique je suis, hélas ! impuissant pour agir ! !

L'AUTEUR, revenant (il se donne de l'air avec son foulard).

Et qui vous a démontré votre impuissance ? — Mais je dois d'abord m'excuser de ma brusque sortie. — J'étais un peu ému et j'aurais pu vous paraître ridicule en continuant sur le même ton.

LE VIEUX MONSIEUR.

Pas précisément! Mais il est vrai que j'aime mieux pouvoir raisonner dans le calme et ne pas mettre en jeu une imagination trop pressée.

L'AUTEUR.

Eh bien! raisonnons. Vous admettez le principe de mon premier chapitre : l'amélioration de Soi par Soi-même. Pourquoi ne chercheriez-vous pas l'œuvre dans le chapitre suivant? Auriez-vous une forte répugnance à vous occuper personnellement d'organiser une Société amicale de famille entre vos nombreux parents? Voilà ce qui emploierait dignement le reste de votre vie. — Qu'en dites-vous? — Vous jetez un regard piteux sur votre jambe étendue. Oui, je le sais, vous ne marchez pas tous les jours; mais vous pouvez écrire, vous pouvez dicter, vous pouvez convoquer dans votre salon, vous pouvez conseiller.....

LE VIEUX MONSIEUR.

Ah! conseiller! — N'est-ce pas Vauvenargues qui l'a dit : « Les conseils d'un Vieillard sont comme le soleil d'hiver : ils éclairent sans échauffer. » Or, pour faire aboutir à réalisation un projet quelconque, il faut avoir le feu sacré dans l'esprit et le diable au corps.

L'AUTEUR.

Vous aurez de jeunes concours. Oubliez-vous donc vos neveux? Et Georges et Jules, et Paul et Léopold, et les autres! Voici des aides de camp tout trouvés... et ardents! Pour un but utile ils franchiront tous obstacles. Commencez donc par cette jeunesse; mettez-la en campagne, et surtout donnez-lui des armes perfectionnées.

LE VIEUX MONSIEUR.

Des armes!...

L'AUTEUR.

J'entends, par ces mots, des leviers d'exécution, des moteurs efficaces pour entraîner les indifférents et réchauffer les tièdes; j'entends, dis-je, le nerf de la guerre que vous avez tant prodigué aux amours, le nerf de toutes choses : l'argent. Que vos jeunes apôtres, parlant en votre nom, puissent annoncer que vous supporterez toutes les dépenses d'installation, que vous assurerez une rente pour suffire aux frais généraux et pour allouer une modeste indemnité au secrétaire-archiviste de la future Société. Ce secrétaire sera, s'il vous plaît, ce petit cousin éloigné qui a perdu une jambe à la dernière bataille. — Voulez-vous débuter par un coup d'éclat? Abandonnez à la Société ce petit pavillon du fond de votre jardin, qui occupe un terrain biscornu et jouit d'une sortie sur la rue voisine. On y logerait plus tard votre bibliothèque, formée avec tant de discernement dans l'avalanche des publications quotidiennes, et que vous laisserez à l'Association pour n'avoir pas le chagrin de prévoir qu'elle sera dispersée à votre mort. Vos arrière-neveux liront avec respect les notes crayonnées sur les marges de vos livres. Il y en a de spirituelles, d'ingénieuses, beaucoup de sensées, qui décèlent un observateur sagace et un praticien...

LE VIEUX MONSIEUR.

Que de détails inutiles! Tout cela fatigue l'attention.

L'AUTEUR.

Eh! j'en laisse, de ces détails, plus que je n'en livre. Je le regrette; car c'est avec ces minces linéaments qu'on détermine les physionomies. Permettez-moi donc de vous signaler encore l'avantage d'avoir un siége social, indépendant des troubles de famille, pour conserver les archives particulières de ses membres, leurs actes d'état civil, leurs actes authentiques, qui se perdent ou s'égarent dans les déplacements et les voyages, les correspondances qu'il est fâcheux de voir dispersées et qui, plus tard, intéressent les neveux, ou même pourront servir à l'histoire d'une industrie, d'un commerce, d'un savant, d'une localité, d'un changement de mœurs. Vous, par exemple, qui fûtes parfois mêlé familièrement avec d'illustres contemporains; qui avez entretenu avec quelques-uns d'entre eux un commerce de lettres, dont beaucoup méritent d'être conservées, des autographes curieux...

LE VIEUX MONSIEUR.

Ah! que vous m'agacez avec ces minuties. Vous feriez oublier le principal. N'abusez donc pas de ce que je ne puis m'enfuir.

L'AUTEUR.

Vous avez raison. C'est une de mes nombreuses faiblesses de me noyer dans les détails...

LE VIEUX MONSIEUR.

Je le vois bien. Vous êtes diantrement loin de vos visées ambitieuses sur la régénération sociale par la famille, sur la régénération politique par les UNITÉS DE SECOND ORDRE, sur le mode de votation pour la seconde assemblée gouvernementale, etc.!! Trop haut, alors; trop bas à cette heure!

L'AUTEUR.

Soit! Je reviens donc aux généralités.

Vous vous intéresserez fort à ces réunions mensuelles où les membres discuteront les affaires de la grande famille, à l'occasion des affaires particulières des familles partielles qui auront sollicité un appui.

Les assemblées générales amèneront à Paris des parents de la province et de l'étranger, dont la plupart n'auraient jamais eu la chance de se rencontrer sans cette institution. Que d'affections refroidies seront aises de se réchauffer! Que de liaisons sérieuses et utiles se formeront! Que de motifs naîtront pour ébaucher de nouvelles alliances, pour s'associer en affaires, pour s'entr'aider dans des carrières encombrées ou différentes. Que d'entretiens précieux pour arriver à se mieux connaître, pour s'apprécier, pour intéresser les grands parents et les puissants aux cousins les plus éloignés, aux modestes, aux délaissés et aux humbles!

Vous demandiez une œuvre à faire; celle-là n'était-elle pas suffisante?

LE VIEUX MONSIEUR.

Oui, certes; et plus lourde qu'on ne la pourrait porter!

L'AUTEUR.

Bah! vous savez très bien que l'association multiplie les forces, et, comme on l'a dit spirituellement, que, dans l'arithmétique des Sociétés, deux et deux ne font pas quatre, mais cinq et au delà parfois. Tous les tronçons épars, issus de vos grands-pères, sont répandus en diverses provinces de France, en Italie, en Espagne, en Suède, en Danemark, dans toutes les Antilles et aux États-Unis d'Amérique. Ils ne se reconnaîtront plus avant un demi-siècle, pas même de nom, si aucun motif ne les rallie. Grâce à votre Société, au contraire, ils formeront des relations fécondes en se rattachant au vieux tronc. Plusieurs d'entre eux aussi verront dans leur vieillesse l'accroissement de leurs familles partielles, et formeront eux-mêmes de nouveaux centres, de nouvelles Sociétés familiales qui garderont avec un soin jaloux les attaches de la famille-mère, continuée par les descendants les plus directs.

Croyez bien que les arbres généalogiques et les preuves de parenté seront autrement conservés que dans l'ancien régime, et qu'ils se retrouveront dans tous les rangs de la société. Ils faciliteront singulièrement, par la suite, les questions scientifiques d'hérédité, de variétés de race, d'atavisme, de transmissions de tempéraments, de traditions hygiéniques, d'aptitudes naturelles, de vocations déterminées, de persistance de caractères...

LE VIEUX MONSIEUR.

Allons ! vous retombez dans votre manie de détails. Laissez cela, qui va de source, et répondez à ma critique. Vous avez reproché à Cicéron d'avoir eu peu de souci des femmes dans son livre *de Senectute;* or, vous même, vous ne leur avez pas souvent adressé la parole, et je trouve que sur ce point vous ne vous êtes guère différencié de l'orateur romain.

L'AUTEUR.

Merci de me le rappeler. Si vous relisiez mon opuscule, vous reconnaîtriez que la plus grande partie des observations mises sous l'étiquette du sexe masculin aurait pu être appliquée au sexe féminin. Par exemple, pour la formation, l'organisation et la suite à donner à votre Société amicale de parents et amis, ne pensez-vous pas pouvoir découvrir aisément des auxiliaires aussi utiles que vos cousins et neveux, chez vos sœurs, cousines et nièces? Prétendriez-vous découvrir dans le camp masculin une personne supérieure à celle que la seconde génération de votre famille nomme la tante Hor....., et plus souvent la *Tante,* sans autre titre, comme qui dirait la Tante par excellence? Tous ceux qui la connaissent disent que Dieu n'a pas formé celle-ci de la côte d'un homme ou du limon de la terre, mais qu'il l'a pétrie de dévouement, de raison aimable et d'une indulgence si ingénieuse qu'elle eût désarmé un familier du Saint-Office! N'avez-vous pas encore pour pousser les indifférents cette autre spirituelle cousine, qui brûle du feu de la propagande avec une telle ardeur qu'elle en devient presque intolérante par moments; et cette autre encore que les obstacles encouragent au lieu de l'arrêter, et qui puise souvent dans sa qualité de jolie femme le courage de battre en brèche les personnages qu'elle pousse à une bonne œuvre en leur décochant sans crainte cet efficace argument que l'on nomme l'argument personnel....? Et combien d'autres femmes encore dans votre famille ! J'en passe et des meilleures.

LE VIEUX MONSIEUR.

J'ai donc eu raison de vous mettre sur ce terrain. Je vous avouerai maintenant que rien ne serait plus propre à me décider en faveur de votre projet que le concours de toutes les femmes de ma famille, dont j'espère bien me fortifier. Ces cousines dont vous venez de me parler, ont vu pousser, autour d'elles et par elles, des bouquets de jeunes filles, qui par leur visage, leur taille, leurs talents et leur esprit feraient parfaitement le succès d'un charmant keepsake et d'une kyrielle de sonnets de choix. Telles que je les connais, j'ai la certitude qu'elles seraient ravies de se mêler aux détails d'une grande Société de parents et amis. Les femmes, *par leur essence même,* sont plus fortement portées vers le particulier que vers le général, et sauf quelques exceptions aussi remarquables que rares, elles s'élèvent difficilement à la politique ou à la philosophie abstraites. Une Société familiale de secours mutuels — si du moins je la comprends bien — serait un être collectif intermédiaire entre le corps politique et les individus ou les familles partielles. Cette Société maintiendrait les liens personnels, les intimités, les relations spéciales entre les membres qui la composeraient, et cependant elle amplifierait les intérêts et les sentiments et leur donnerait un caractère plus général. Elle constituerait précisément le cadre semi-civil et semi-politique, dont les dimensions correspondraient à la force moyenne de la femme: elle leur ouvrirait donc en cela une carrière suffisante pour leur éducation et pour leur intervention politiques. — Suis-je dans le vrai?

L'AUTEUR.

Pleinement. Vous parlez exactement comme j'aurais pu le faire moi-même. Les questions civiles, administratives et gouvernementales se présentent parfois, au sein des sociétés familiales, à peu près dans les mêmes conditions qu'au sein des Conseils municipaux et départementaux, mais modifiées par un caractère plus fraternel, plus individuel, plus personnel. L'application des principes sera modifiée de la même manière. Parfois aussi des questions s'y présenteront, qui auront leurs analogues dans les plus hautes sphères de l'administration et du gouvernement. Les femmes s'instruiront alors sur les choses de la politique, sans sortir des attributs de leur sexe, elles s'instruiront par le meilleur moyen, par celui qui convient le mieux à leur nature, c'est-à-dire par les cas particuliers et personnels. En un mot, la *masse* des femmes, habituée jusqu'aux temps modernes à la vie individuelle, domestique et subordonnée, se rendra bien mieux compte des affaires sociales, et les appréciera bien plus exactement lorsqu'elle les examinera dans les sociétés familiales. Alors, le point de vue social se présentera sous le point de vue de l'intérêt de tels ou tels membres, ou sous le point de vue de l'intérêt d'une famille partielle.

La pratique des sociétés familiales est donc le plus sûr et le plus efficace moyen de donner aux femmes des notions administratives, financières et politiques dans la mesure de leurs besoins et de leurs actions, en sorte que si, par la suite des temps, les sociétés amicales de famille, de corps de métiers et de quartiers étaient appelées, à un titre quelconque, à faire un acte politique *comme unités de second ordre*, les femmes seraient aptes à exercer dans le sein de leur société une part d'influence personnelle raisonnée.

LE VIEUX MONSIEUR.

Ah! précisément, j'oubliais de vous en parler de ces votes politiques par les sociétés mutuelles de toutes natures, coopératives, municipales, familiales, etc. Il est évident que c'est de l'Utopie à la puissance carrée ou cubique. Je doute que vous-même vous osiez croire à cette rêverie transcendante. Pourquoi donc vous êtes-vous lancé à escalader ces hauteurs politiques? Ce n'est pas dans votre tempérament ordinaire. Est-ce même de votre compétence? Vos sociétés de famille auront déjà bien assez d'arriver au but écrit dans leurs Statuts. Est-ce sage de mêler ainsi la politique à la charité ? N'est-ce pas introduire un élément de dissolution là où la simple bienfaisance ferait régner la concorde ?

L'AUTEUR.

A vous dire vrai, j'ai eu plutôt en perspective la substance que la forme. Ce qui m'importe, c'est de provoquer l'établissement d'*Unités de second ordre,* et j'entends par là des Unités organiques, vivant d'une vie réelle et aussi solidarisées que possible par les sentiments ; je n'entends pas des Unités factices formées par suite d'un rapprochement fortuit. J'ai surtout voulu appeler sur ce sujet l'attention de ceux qui me liront, et je leur demande si les *Unités de second ordre* proposées ne sont pas analogues à celles que formaient les anciennes familles aristocratiques dont on ne veut plus aujourd'hui, ou qui sont devenues incompatibles avec les mœurs actuelles. Qu'on en trouve de meilleures, et j'abandonne les sociétés familiales de parents et amis ; mais qu'on en trouve !

Si j'avais à faire ici un cours d'histoire, je montrerais que la présence et le fonctionnement d'*unités de second ordre* caractérisent les sociétés politiques durables et puissantes. Or, depuis 1789, depuis la destruction de l'ancien Régime, nous n'en avons pas eu *de ces Unités de second ordre* jouissant d'une vie propre et indépendante, et fondées sur des sentiments naturels. C'est le motif de nos oscillations sans fin entre une forme gouvernementale et une autre.

LE VIEUX MONSIEUR.

C'est un peu hasardé, ce que vous débitez là. Mais si je comprends bien votre pensée, vous abandonneriez volontiers vos combinaisons politiques sur les votes et sur le suffrage universel, pourvu que vos sociétés familiales de parents et amis entrassent dans la voie des réalisations.

L'AUTEUR.

Permettez-moi de ne pas faire si bon marché de mes idées ; mais je ne repousse pas totalement votre interprétation de ma pensée. Je suis, en effet, convaincu que si quelques riches vieillards de la bourgeoisie comme vous se décidaient à provoquer la formation de pareilles sociétés dans leurs familles, ces exemples seraient bientôt suivis. Le développement de ces sociétés dans toutes les classes produirait peu à peu, sans bruit et sans éclat, tout le bien désiré par les moralistes. Et d'abord, pour rentrer dans la spécialité de mon titre, les Vieillards trouveraient à remplir le rôle utile et honorable que j'ai signalé en maint endroit de mon opuscule; puis, ils seraient amenés à veiller sérieusement sur eux-mêmes, à cause de leur position en évidence au milieu de la grande famille. Ainsi, le seul fait de leur participation dans la société familiale les conduirait à leur propre amélioration par eux-mêmes. Dès que les bons exemples d'une meilleure vie seront donnés par les Grands Parents, l'amélioration s'infiltrera dans tous les âges, de même que la tache d'huile, au centre d'une étoffe, arrive avec le temps à toutes les extrémités.

LE VIEUX MONSIEUR.

Oui, je vous accorde cela ; mais je veux vous faire avouer que vos aperçus sur le suffrage universel, sur les votes politiques de vos sociétés, prises comme seconde émanation du suffrage universel, ne sont que des amusettes de votre imagination.

L'AUTEUR.

Qu'importe, si ces amusettes peuvent servir à fixer plus fortement l'attention sur les conséquences incalculables d'un réseau de sociétés de famille englobant la France entière..... et au delà ! Il n'y aurait guère plus à s'inquiéter des écarts possibles du suffrage universel sous sa forme de capitation. La Nation se trouverait solidement liée par ces Unités naturelles et vivantes du *second ordre*, bien autrement entripaillées dans la masse humaine des deux sexes et de tous âges que les unités communales, départementales, commerciales, scientifiques et autres. Les individus en subiraient incontestablement l'influence : alors on serait bien moins effrayé des droits politiques réclamés pour les associations, et même.....

LE VIEUX MONSIEUR.

Et même..... Quoi! achevez. Vous ne dites rien ?

L'AUTEUR.

J'hésite. Il s'agit d'une idée fort éloignée des idées dominantes qui vient pour la centième fois se heurter à la porte de mon cerveau, et que je n'ai pas osé laisser sortir pour s'installer dans mon opuscule, quoiqu'elle se présente timidement et toute petite, mais grosse de conséquences. En vérité, quoique peu poltron en fait de nouveautés, j'hésite... Mais bah! puisqu'elle revient encore à la charge, je lui vais livrer la clef des champs. Vous allez avoir un fertile sujet d'attaques contre moi.

LE VIEUX MONSIEUR.

Je comprends votre tactique. Un paradoxe seul fait peu d'effet; mais en les entassant ils fermentent et finissent par faire une explosion qui force l'attention.

L'AUTEUR.

Non! L'idée que je rumine depuis longtemps, malgré moi, est dans le cœur humain. Avec les Sociétés de Prévoyance on y arriverait lors même que je ne la signalerais pas d'avance.

C'est la transformation des idées ou plutôt des sentiments qui ont inspiré à nos pères l'institution des Majorats. Je les dépouille de leur manteau d'orgueil, de vanité et d'injustice. Je les réduits à la simple prévoyance, en cas d'adversité, pour empêcher que les enfants d'un Donateur, ses petits-enfants, arrière-petits-enfants et même la génération suivante puissent tomber dans le *dénûment absolu*, descendre à l'hôpital ou tendre le chapeau dans la rue. On obtiendrait ce résultat si les Sociétés familiales, régulièrement constituées, étaient dotées, par une loi, du Droit de recevoir, sous certaines conditions préservatrices d'abus, les dépôts de valeurs destinées à des pensions alimentaires *éventuelles* au profit des Descendants du Dépositaire jusques à un certain degré. — Il sera facile d'imposer à ces dépôts : 1° des charges qui, après extinction des descendants du dernier degré, tourneront finalement au profit de la Société familiale; 2° des redevances équitables en faveur de l'État pour compenser la privation des sommes qu'il retirerait du mouvement des capitaux, et pour justifier aussi le privilége accordé, bien qu'il soit restreint, temporaire et accessible à tous ceux qui voudront épargner.

Les développements de ces idées sommaires demanderaient un volume, et mon intention n'est pas d'insister aujourd'hui. Il suffit de les indiquer, en faisant observer seulement que la faveur dont il s'agit serait exempte des vices qui ont, avec raison, discrédité en France l'institution des Majorats.

D'ailleurs, c'est une affaire que je lègue aux soins

et soucis de l'Avenir. Réfléchissez-y. — Je vois entrer votre valet de chambre, François.....

LE VIEUX MONSIEUR.

Hélas! il vient rouler mon fauteuil dans la salle à manger, où je ne puis plus me rendre qu'en voiture.

L'AUTEUR.

Pour chasser cette idée noire, remplacez-la par celle-ci pendant qu'il vous voiturera. Regardez François comme un client futur de votre Société de famille. Vous ferez adopter votre vieux serviteur et sa femme, l'archivieille *Cadette,* votre ancien cordon-bleu, si connu de vos amis et qui est entrée à treize ans au service de votre mère. Depuis trente ans elle est au vôtre. Ces domestiques sont faits à toutes vos habitudes; ils connaissent tout votre monde; ils ont vu naître tous vos neveux et toutes vos nièces; ils s'intéressent à tout ce qui vous touche, vous et les vôtres, autant et plus que tout autre parent; ils ne sont plus des domestiques : *ils sont de votre famille.* Vous consacrerez cette quasi-parenté, cette parenté du cœur qui vaut celle du sang, cette continuité de relations et de services, en proposant vous-même ces honnêtes personnes à l'élection de vos parents en qualité de membres de la Société et au même titre que vous pourriez proposer un de vos amis. Aucun des associés ne leur refusera sa voix. Ce sera, croyez-moi, une bonne réminiscence de la Patriarchie antique, du Patriciat romain et de la Seigneurie féodale.

Ceci me donne occasion de parler de l'annexion des Amis dans les Sociétés familiales auxquelles ils désireraient appartenir. Hésiode a dit quelque part : « S'il te survient un embarras imprévu, les voisins » accourent sans ceinture, les parents prennent le » temps de se retrousser. » Ce que le poète dit des voisins est également applicable aux Amis. J'espère que les Sociétés familiales entre Parents effaceront cette boutade d'un ancien; mais il est certain qu'aucun Parent ne vaut un ami véritable à moins que le Parent ne cumule la qualité d'Ami. L'Amitié est une Parenté d'élection, spontanée, supérieure à la Parenté involontaire par le sang. En acceptant l'annexion de l'Ami véritable d'un des membres de la Société, le lien moral des parents ne s'affaiblira pas; au contraire, il se cimentera.

Mais je lis sur la figure inquiète de François que le potage se refroidit; c'est grave!

LE VIEUX MONSIEUR.

Vous allez dîner avec moi.

L'AUTEUR.

Merci! Je me sauve.

Le vieux Monsieur dîne seul. Tout en dînant, il fait ses réflexions. Il est tiraillé. Les charges, la responsabilité surtout qu'il va prendre grossissent à ses yeux. — Il y a beaucoup de Pour au profit de la Nation et de la famille; mais il y a aussi beaucoup de Contre au détriment de son Repos. — Il n'est pas bon que l'homme soit isolé, se dit-il. — Mais la paresse lui souffle à l'oreille que l'Isolement, quand on est riche, c'est l'indépendance, le débarras des ennuis d'autrui, la liberté des passions, l'appétit de l'imprévu et le Repos surtout. — Que fera-t-il? — Donnera-t-il l'ordre à François d'aller inviter ses cousins, cousines, neveux et nièces à venir causer avec lui du projet de Société familiale? — On lui apporte le journal du soir. — Il en déchire la bande. — Va-t-il s'endormir en lisant et sans avoir pris de parti?

Dans l'incertitude, l'auteur se prépare à donner de nouveaux assauts. Il se demande s'il n'eût pas dû accepter l'invitation à dîner?

FIN.

TABLE.

Pages.

Avis de l'Éditeur 5

Préface 7

Aux Vieillards 11

CHAPITRE PREMIER. — L'Individu 13

CHAPITRE DEUXIÈME. — La Famille 75

CHAPITRE TROISIÈME. — La Nation 127

POST-FACE.

Radotages en manière de conclusion pratique 169

Bordeaux — Imp. G. Gounouilhou, rue Guiraude, 11

www.ingramcontent.com/pod-product-compliance
Ingram Content Group UK Ltd.
Pitfield, Milton Keynes, MK11 3LW, UK
UKHW020325230726
13925UKWH00002B/633